CHRISTOPH MINHOFF
MARTINA MÜLLER

SCIENTOLOGY
IRRGARTEN DER ILLUSIONEN

Die Autoren:

Christoph Minhoff, 1959 in Duisburg geboren, ist Journalist und Redakteur des Bayerischen Fernsehens. Seit 1987 analysiert er die Aktivitäten sogenannter pseudoreligiöser Bewegungen. Zu diesem Themenkomplex verfaßte er 1989 für die Bayerische Landeszentrale für politische Bildungsarbeit (gemeinsam mit Holger Lösch) das Buch „Neureligiöse Bewegungen – Ziele, Strukturen, Analysen".

Martina Müller, 1960 in Langenfeld/Rheinland geboren, ist Diplom-Psychologin und arbeitet im Bereich der Klinischen Psychologie mit den Schwerpunkten Kognitive Therapie, Verhaltenstherapie und Familientherapie. Überdies untersucht sie die Mechanismen, die zur Mitgliedschaft in sogenannten pseudoreligiösen Bewegungen führen.

CHRISTOPH MINHOFF
MARTINA MÜLLER

SCIENTOLOGY
IRRGARTEN DER ILLUSIONEN

SONDERDRUCK
FÜR DIE LANDESZENTRALE FÜR POLITISCHE BILDUNG
UND DIE BEHÖRDE FÜR INNERES
DER FREIEN UND HANSESTADT HAMBURG

CIP-Titelaufnahme der Deutschen Bibliothek:

Minhoff, Christoph:
Scientology: Irrgarten der Illusionen / Christoph Minhoff; Martina Müller.
– 2. Aufl. – München; Dillingen : Erich Wewel Verlag, 1994

ISBN 3-87904-197-0
NE: Müller, Martina

2., aktualisierte Auflage 1994

Herausgeber:
Erich Wewel Verlag, München/Dillingen

© cm-verlag, Unterschleißheim
Schlußredaktion und Gestaltung: Herbert Fischer
Druck: G. J. Manz AG, München

Gedruckt in Deutschland

INHALT

Illustrationen:

Titel
cm-Graphik

Seite 34
L. Ron Hubbard: dpa
David Miscavige: Archiv
Scientology-Zentrale Hamburg: dpa

Seite 77
Handelsmarken: Archiv

Seite 78
Zeichen: Archiv

Seite 88
Graphik: aus „The Command Channels of Scientology", Hrsg. CSI/LRH, S. 9

Seite 106
Buchtitel „Dianetik"
„E-Meter": Archiv

VORWORT

Seit einigen Jahrzehnten treten Gruppen in das Blickfeld der Öffentlichkeit, die als sogenannte Jugendsekten, religiöse Bewegungen, Psychokulte oder Gurubewegungen bekannt sind und versuchen, auf vielfältige Weise auf sich aufmerksam zu machen. Vordergründig kommen sie der Suche vieler Menschen nach Lebenshilfe und Orientierung entgegen. Durch anfängliche positive Erfahrungen wird eine erhebliche Anziehungskraft ausgelöst. Danach entsteht wie in einem Riesenstrudel ein Sog, der, unterstützt durch entsprechende Organisations- und Gruppenstrukturen, zur Abhängigkeit führen kann.

Zu diesen Organisationen gehört Scientology.

Die Mitgliedschaft bei Scientology kann schwerwiegende Folgen für das einzelne Mitglied nach sich ziehen, da die Autoritätsstruktur, die totale Reglementierung und die ideologische Sprachgebung der Organisation eine harte Indoktrination bewirken und das Mitglied nach außen hin hermetisch abriegeln können. Bei völliger Verinnerlichung der propagierten Lehren und entsprechender individueller Disposition sind pathologische Auswirkungen nicht auszuschließen.

Dahinter steht ein totalitärer Anspruch, die Mitglieder und Anhänger zu besseren Wesen mit übermenschlichen Eigenschaften umzuformen. Anpassungen an gesellschaftliche Erfordernisse, wie sie in Demokratien unumgänglich sind, werden nicht akzeptiert. Öffentliche Kritik wird auf das heftigste bekämpft. Unter einem weltanschaulichen Mantel werden die eigentliche Ziele verschleiert. Die Strategie der Verantwortlichen bei Scientology ist über 20 Jahre lang aufgegangen. Es ist ihnen gelungen, im Laufe der Zeit eine nicht unerhebliche Zahl von Personen in ihren Bann zu ziehen und mit den abhängig gemachten Menschen in vielen Bereichen der Gesellschaft die Ideen von Scientology zu verbreiten und Einfluß zu gewinnen.

Durch die gerade in den letzten drei Jahren breite öffentliche Diskussion, insbesondere auch in der Hamburgischen Bürgerschaft, sind immer mehr Aspekte der Strategie ans Tageslicht gekommen. Zum Schutz des einzelnen und zur Abwehr von Gefahren für die Allgemeinheit hat der Senat der Freien und Hansestadt Hamburg deshalb 1992 eine Arbeitsgruppe Scientology bei der Behörde für Inneres eingerichtet, die die Handlungsweisen, die Ausbreitung, aber auch die Vorgehensweise der Organisation aufdecken und analysieren soll und das weitere Vorgehen von staatlicher Seite aus koordinieren wird.

Dem hohen Informationsbedürfnis über die Organisation Scientology entspricht es, eine Broschüre zu erstellen, die die Anfänge von Scientology ebenso darstellt wie die Art und Weise der Ausbreitung und der Einflußnahme.

Die hier vorgelegte Broschüre bietet sowohl der interessierten Öffentlichkeit als auch den öffentlichen Institutionen die Möglichkeit, einen Überblick über den aktuellen Stand der Erkenntnisse zu erhalten und sich zu informieren.

Werner Hackmann

Präses der Behörde für Inneres
der Freien und Hansestadt Hamburg

EINLEITUNG

Scientology ist der Versuch, sich zuerst die Erde und dann das Universum untertan zu machen – nicht mehr und nicht weniger.

Vorgegeben hat dieses Ziel der Gründer der Scientology, **L. Ron Hubbard.** Er schuf ein riesiges Unternehmen, das diesem Ziel über seinen Tod hinaus dient. Die gesamte Menschheit für Scientology zu gewinnen, ist zwar ein recht ehrgeiziges Ziel. Laut **Hubbard** aber wäre dies die einzige Rettung für diesen Planeten. Tag und Nacht arbeiten seine Gefolgsleute an dieser Aufgabe. Und wenn auch die „Erfolge" – gemessen an dem hohen Ziel – bisher bescheiden sind, so haben sie doch schon einiges erreicht.

Scientology ist es gelungen, Millionen von Menschen für sich zu vereinnahmen, eine schlagkräftige Organisation aufzubauen, Millionengewinne zu machen und – trotz weltweiter Versuche ihrer Gegner, die Organisation zu stoppen – auch zu überleben und sogar noch zu expandieren. Der Grund dafür ist einfach. Scientology hat ein Produkt anzubieten, das auf den ersten Blick verlockend erscheint. Und der Kunde ist meist nicht oder unzureichend über dessen Risiken und Nebenwirkungen aufgeklärt.

Es gibt eine Menge Literatur, die versucht, das Phänomen Scientology zu erklären. Veröffentlichungen in Presse, Hörfunk und Fernsehen warnen vor den Gefahren, die Scientology verkörpere. Abschreckung steht dabei im Vordergrund. Doch wenn die Abschreckung versagt, wenn der einzelne der verführerischen Strategie Scientologys verfällt, dann helfen alle Negativ-Schlagzeilen nichts mehr.

Gefragt ist Aufklärung, die über Schlagworte und erhobene Zeigefinger hinausgeht. Aufklärung über Scientology muß Verständnis schaffen für Hintergründe und Ziele der Bewegung, für die von ihr ausgehenden Gefahren. Dazu aber ist umfassende Information notwendig.

Aufklärung beinhaltet, die Geschichte Scientologys darzustellen: von **Hubbards** ursprunglicher Vision, als Laie Psychologie und Philosophie zu „revolutionieren", über die Vermarktung seiner Ideen, den Aufbau seiner aggressiven Organisation bis hin zu fanatischen Ausuferungen. „Geschichte und Entwicklung" Scientologys zu erläutern versucht das erste Kapitel dieser Schrift.

Aufklärung beinhaltet auch, die Ideologie Scientologys zu verdeutlichen. Dazu gehören die Science-fiction-Phantasien **Hubbards,** sein Menschenbild, seine

Feindbilder, seine Pseudo-Therapie und die von ihm entwickelten oder vereinnahmten Verfahren. Mit „Ideologie und Methoden" befaßt sich das zweite Kapitel.

Aufklärung muß aber auch verständlich machen, wie und warum Menschen zu Scientology stoßen. Warum sie – allen Warnungen zum Trotz – sich der Bewegung anschließen, ihr oftmals bis zur Selbstverleugnung dienen. Von „Gehirnwäsche" bis „Sucht" reichen die Schlagworte, die von Kritikern zur Erklärung dessen gemeinhin verwendet werden. Das Kapitel „Neugier, Faszination, Mitgliedschaft" versucht dagegen, den Ablauf des Prozesses von einem Außenstehenden hin zum gläubigen Scientologen nachzuvollziehen. Es erläutert, wie Gedanken, Überzeugungen, Vorstellungen und Wahrnehmungen in und durch Scientology verändert werden. Das Kapitel will dabei den Beitrittsvorgang zu Scientology entmystifizieren, die dort angewandten pseudotherapeutischen Verfahren und ihre Wirkungen verstehbar und durchschaubar machen.

Der Aufklärung bedarf es auch über den „Konzern" Scientology. Denn die Bewegung ist mehr als die selbsternannte „Kirche". Kritiker sprechen sogar von „organisierter Kriminalität". Freundlicher nennt man Scientology auch ein „Netzwerk", das versuche, in alle Bereiche des Lebens und der Gesellschaft einzudringen. Das Kapitel „Organisation und Finanzierung" soll einen Einblick in das Geschäftsgebaren Scientologys gewähren.

Aufklärung über Scientology muß auch die Methoden aufzeigen, mit denen Scientology Überleben und Ausbreitung sichert. Dabei zeigt sich, welche Gefahren für den einzelnen und die Gesellschaft durch Scientology gegeben sind. Dies vermittelt das Kapitel „Umgang mit Kritik".

Scientology sieht sich gern als Religion, bekennt sich marktschreierisch zum **Hubbard**schen Glauben. Dabei geht es bei der Bewertung der Gruppe nicht um „abstrakte Bekenntnisse", sondern um das „konkrete Wirken", wie dies das Bundesverwaltungsgericht in Zusammenhang mit Scientology formuliert hat. Und dieses konkrete Wirken faßte **Ralf Mucha,** langjähriger Scientology-Kritiker, einst mit den Worten zusammen:

Hamburg, im Februar 1994   **Christoph Minhoff**
                                                       Martina Müller

GESCHICHTE UND ENTWICKLUNG

Entstehen und Wirken der Scientology sind bis zum heutigen Tag untrennbar mit **Lafayette Ronald Hubbard** verbunden, der lange Jahre ihr geistiger und organisatorischer Führer war. Das Leben **Hubbards,** der 1986 von Scientology offiziell für tot erklärt wurde, nachzuzeichnen, ist nicht leicht, da eine Flut von Lebensläufen existiert. Problematisch ist dabei, die Ungereimtheiten der verschiedenen Biographien – verfaßt von Scientology oder ihren Kritikern – auf einen Nenner zu bringen.

Sichere Erkenntnisse liegen über **Hubbards** Geburtsdatum vor. Er wurde am 13. März 1911 in Tilden/Nebraska (USA) als Sohn eines Marinesoldaten geboren. Allerlei Legenden, deren Authentizität nicht belegbar ist, ranken sich um die Jugend **Hubbards.** Die Rede ist von etlichen Reisen in jungen Jahren, die **Hubbards** Interesse für östliche Philosophien geweckt haben sollen.

Hubbard genoß eine Ausbildung an der **George-Washington**-Universität in Washington D. C., an der Schule für Maschinenbau im Hauptfach „Ziviltechnik". Ein Abschluß gelang ihm offenbar nicht.[1] Überdies will er auch an Kursen über Nuklearphysik teilgenommen haben.

In den dreißiger Jahren begann **Hubbard** einer Begabung nachzugehen, die ihn unbestritten auszeichnete. Er entwickelte sich zu einem fleißigen Schriftsteller. Sein Lieblingsthema war Science-fiction. **Christopher Evans** hat die Arbeiten **Hubbards** auf diesem Gebiet wie folgt beschrieben: *„Seine ersten Erfolge auf dem literarischen Sektor konnte er ... in den dreißiger Jahren für sich verbuchen, als er damit begann (unter dem ziemlich plumpen Pseudonym* **Winchester Remington Colt***), eine lange Reihe Groschenhefttexte einschließlich Western-Serien, Abenteuergeschichten dieser und jener Art und selbst Romane der Spezies ‚Liebe und Leid' zu verzapfen. Darüber hinaus erledigte er zahlreiche Auftragsarbeiten für die Filmdrehbuch-Mühle von Hollywood und verdiente zeitweilig 500 Dollar in der Woche, indem er dabei half, die Kinogier der Öffentlichkeit zu befriedigen."*[2]

Später ging **Hubbard** dazu über, unter seinem eigenen Namen sowie unter den Pseudonymen **Kurt von Rachen** und **René Lafayette** eine Serie flotter Science-fiction-Geschichten zu schreiben. Der erste dieser Texte war eine Kurzgeschich-

---

[1] Friederike Valentin/Horand Knaup: „Scientology – der Griff nach Macht und Geld", Freiburg 1992, S. 58. Die Autoren zitieren nach Russel Miller: „Bare Faced Messiah, The True Story of L. Ron Hubbard", New York 1988.

[2] Christopher Evans: „Kulte des Irrationalen. Sekten, Schwindler, Seelenfänger", Hamburg 1979, S. 33.

te mit dem Titel „The Dangerous Dimension" (Die Gefährliche Dimension). Darauf folgte der Roman „The Tramp". Beide Geschichten kreisen um das Thema paranormaler menschlicher Fähigkeiten wie der Überwindung von Raum und Zeit und die Fähigkeit des Geistes, aus der Distanz auf andere Menschen einzuwirken.

Überdies schrieb **Hubbard** auch Erzählungen, wie sie heute oft der Kategorie „Sword und Sorcery" (Schwert und Zauberei) zugeordnet werden. In ihnen kämpfen gutaussehende, muskulöse und zugleich intelligente Männer, mit Schwertern und magischen Kräften ausgerüstet, gegen böse Hexen und Weltraummonster.

Hubbard heiratete 1933 **Margaret Louise Grupp.** Aus dieser Ehe ging ein Sohn namens **L. Ron Hubbard junior** hervor, der der Scientology in späteren Jahren noch einige Schwierigkeiten bereiten sollte. Dazu später mehr.

1938 soll **Hubbard** ein Buchmanuskript mit dem Titel „Excalibur" erstellt haben. Darin faßte er seine grundlegende Überzeugung vom Sinn menschlichen Lebens in dem Befehl „Überlebe!" zusammen. Offenbar bildete dieses Werk die spätere Grundlage der scientologischen Ideologie. **Christopher Evans,** ein kritischer **Hubbard**-Biograph, berichtet, daß **Hubbard** Anfang der fünfziger Jahre einige Exemplare des Buches für 1500 Dollar das Stück veräußert habe: *„Dieser Text enthielt angeblich derart Welterschütterndes, daß er nicht veröffentlicht werden sollte, solange Mr. Hubbard auf Erden weilte, und mögliche Käufer beschworen wurden, keinem anderen Leser zu gestatten, es zu lesen."* [3]

Hubbard im Krieg

Getreu der Familientradition diente L. Ron Hubbard im Zweiten Weltkrieg in der US-Marine. Über seine Zeit als Soldat gibt es wieder die unterschiedlichsten Berichte in den diversen Biographien. Hier eine Scientology-Version: *„Er überlebte den ersten Teil des Krieges im Südpazifik. Im Jahre 1944 fand er sich verkrüppelt und erblindet im Oak-Knoll-Marinehospital wieder. Von Commander Thompson vom medizinischen Korps der amerikanischen Marine, der ein Freund seines Vaters und ein persönlicher Schüler Sigmund Freuds war, hatte er schon in jungen Jahren eine umfassende Ausbildung auf dem Gebiet des menschlichen Geistes erhalten. Er entwickelte Techniken, die ihm helfen sollten, Herr über seine Verletzungen zu werden und seine Fähigkeiten wiederzugewinnen... Er kam zu dem Schluß, daß die Ergebnisse, die er erzielte, anderen zu größerer Fähigkeit und zu größerem Glück verhelfen könnten. Damals wurden einige der*

---

[3]   Evans, Kulte, S. 69f.

grundlegenden Lehrsätze der Dianetik und der Scientology erstmals formuliert. Im Jahre 1947 war er wieder vollständig genesen." [4]

Gerry Armstrong[5] stellt dagegen fest: *„Er war während des Krieges weder verkrüppelt noch blind. Er kurierte sich nicht mit Hilfe seiner eigenen Forschungen."* [6] Und **Christopher Evans** fügt hinzu: *„Viele Scientologen glauben, daß Hubbard tatsächlich im Gefecht schwer verwundet wurde, und fest steht, daß die Veterans' Administration, die Fürsorgeverwaltung für Kriegsteilnehmer, angibt, er erhalte 160 Dollar im Monat als Ausgleich für körperliche Schäden, die er sich während des Zweiten Weltkriegs zugezogen habe. Die Liste der Schäden indessen, die ihn zu ,40 Prozent arbeitsunfähig' machen, lautet: Geschwür am Zwölffingerdarm, Schleimbeutelentzündung (rechte Schulter), Arthritis, Bindehautentzündung..."* [7]

Über ein anderes Engagement **Lafayette Ron Hubbards** liest man allerdings nichts in den derzeit kursierenden offiziellen Lebensläufen der Scientology. Es waren seine Versuche, Ende 1945 in okkulte satanistische Kreise einzusteigen.

Lehrjahre beim Satanisten

Zu diesem Zeitpunkt lernte **Hubbard** den Chemiker und Raketentreibstoffforscher **Jack Parson** kennen. **Parson** war in Pasadena der Statthalter des kalifornischen Zweigs des O. T. O. (Ordo Templi Orientis). Führer des O. T. O. war zur damaligen Zeit der berühmt-berüchtigte **Aleister Crowley,** der wohl bekannteste Satanist dieses Jahrhunderts. **Ralph Tegtmeier,** Biograph von **Crowley,** berichtet von der Begegnung **Hubbards** mit Okkultismus und Magie: *„Der vielversprechende junge Hubbard, von Parson in die Loge Agapé eingeführt, erwies sich als gelehriger Schüler und gab schon bald den Ton an. Vom Partnertausch mit Parsons Frau einmal abgesehen, wollte er mit seinem Freund zusammen auch noch ein ,magisches Kind' erschaffen, wie es Crowley in seinem Roman ,Moonchild' beschrieben hatte."* [8]

---

[4] New Era Publications ApS (Hrsg.): „L. Ron Hubbard, der Schriftsteller", Schlüchtern 1984, ohne Seitenangabe (Verlagsbiographie über Hubbards Leben, Teil einer Werbeschrift für Hubbards Bücher).

[5] Gerry Armstrong sollte eine offizielle Hubbard-Biographie verfassen, kam aber nach Einsicht in geheime und private Dokumente zu der Erkenntnis, daß er die Arbeit aufgrund erheblicher Widersprüche und Wahrheitsdefizite nicht vollenden konnte.

[6] Bent Corydon: „L. Ron Hubbard – Messiah or Madman?", Secaucus 1992, S. 228.

[7] Evans, Kulte, S. 28.

[8] Ralph Tegtmeier: „Aleister Crowley. Die tausend Masken des Meisters", München 1989, S. 127.

Bei diesem „Moonchild" ging es darum, unter astrologischen Gesichtspunkten und in magischer Umgebung ein Kind zu zeugen und nachfolgend den Fötus rituell zu beeinflussen. Das Ergebnis soll ein besonders begabtes Kind sein. **Tegtmeier** weiter: „*Das aber war selbst dem ansonsten doch zu allen Schandtaten bereiten Meister **Therion (Crowley)** zu viel. In einem Brief schrieb er: ‚Ich dachte immer, ich hätte eine ebenso krankhafte Phantasie wie sonst irgend jemand, aber anscheinend habe ich mich geirrt.'"* [9]

Laut **Bent Corydon**, einem ausgestiegenen hohen Scientology-Funktionär, sollen **Hubbard** und **Parson** den Moonchild-Versuch tatsächlich gestartet haben. [10] Über den Erfolg ist nichts bekannt. Wohl aber, daß sich **Parson** und **Hubbard** zerstritten. **Tegtmeier** dazu: „*Parson berichtet, wie **Hubbard** mit seiner Frau davonlaufen wollte und dazu eine gemeinsame – überwiegend aus Parsons Mitteln finanzierte – Yacht benutzte. **Parson** beschwor daraufhin in einem Ritual den Mars-Dämon **Bartzabel** – worauf die Yacht prompt auf ein Riff lief.*" [11] **Parson** kam 1952 durch eine Explosion während eines Experiments ums Leben.

Hubbard machte sich kurze Zeit nach jenem Abenteuer beim O. T. O. daran, sein wichtigstes Werk zu schreiben: das Buch „Dianetik". **Tegtmeier** merkt dazu an: „*Daß er (Hubbard) in seinen Büchern manches aus der magischen Tradition verwendete, ohne es zu benennen, hören seine Anhänger weniger gern, doch es besteht kein Zweifel, daß besonders sein Werk ‚Dianetik – Die moderne Wissenschaft der geistigen Gesundheit' viele modern verfremdete Elemente der hermetischen Magie und aus der Psychologie **Crowleys** enthält.*" Scientology leugnet im übrigen den Kontakt **Hubbards** zum O. T. O. nicht. Sie behauptet allerdings, er habe den Auftrag gewisser Nachrichtendienste gehabt, den O. T. O. zu zerschlagen.

Hubbard soll am 10. August 1946 in Chestertown/Maryland **Sara Northrup**, die ehemalige Gefährtin **Parsons**, geheiratet haben. [12] Dies machte ihn, laut **Corydon**, zum „Bigamisten". [13] Erst ein Jahr und vier Monate später soll er von seiner ersten Frau geschieden worden sein.

Sein neues Buch „Dianetics – The Modern Science of Mental Health" (deutscher Titel: „Dianetik – die moderne Wissenschaft der geistigen Gesundheit") begann **Hubbard** 1948 zu schreiben. Darin „*stellt er eine Do-it-yourself-Therapie vor, die*

---

[9]   ebenda.
[10] Corydon, Messiah, S. 276.
[11] Tegtmeier, Crowley, S. 128.
[12] Corydon, Messiah, S. 280.
[13] ebenda.

es angeblich ermöglichen soll, alle Schädigungen und negativen Einflüsse des Unterbewußtseins zu beseitigen".[14]

„Dianetik" war und ist den Verkaufszahlen nach **Hubbards**

Dianetik – das Spiel beginnt

Hauptwerk. Millionen US-Bürger fanden in den frühen fünfziger Jahren Interesse an dieser Schrift, und dies hat viele Gründe. Wesentlich für den Erfolg des Buches aber war die Tatsache, daß **Hubbard** es zunächst für einen Kreis publizierte, der für solche Art Literatur besonders empfänglich war: die Science-fiction-Liebhaber.

In den USA versorgte seit 1940 eine wachsende Zahl von Science-fiction-Magazinen eine immer größere Zahl von Lesern. Unter ihnen befand sich das „Astounding Science Fiction". Um die Weihnachtszeit 1949 war zu hören, daß **Hubbard** in Kürze mit einer „Sensation" aufwarten werde, und in der April-Nummer 1950 des Magazins wurden erste Details preisgegeben. In einer Vorbesprechung schrieb der Herausgeber **John Campbell:** *„Ich versichere Ihnen nachdrücklich und mit voller Überzeugung, daß es sich hier um einen der wichtigsten Aufsätze handelt, der jemals gedruckt worden ist."* [15] **Evans** meint folgerichtig: *„Nach einer solchen Propaganda war es kein Wunder, daß die Mai-Ausgabe der Astounding Science Fiction schon am Tage ihres Erscheinens praktisch bis auf das letzte Exemplar verkauft wurde... Kein fruchtbarerer Boden hätte für die Veröffentlichung eines solchen Textes gewählt werden können. Eine Flut von Anrufen und Briefen brach über den Verlag herein (2000 Briefe in der ersten Woche), und als kurz darauf Hubbards Buch ‚Dianetics – The Modern Science of Mental Health' erschien, gelangte es über Nacht auf die Bestseller-Liste."* [16]

Laut Scientology fand „Dianetik" ein „unvorhersehbares Interesse in der Bevölkerung". Dieses Buch enthielt einen analytischen und einen praktischen Teil. Die dort beschriebenen Verfahren waren allein kaum durchzuführen. So verlangte dieses Buch geradezu eine Organisation, die die vielen Hobby-Psychoanalytiker zusammenführte. So wurde noch im April 1950, also vor dem Erscheinen des Buches „Dianetik", in New Jersey das erste dianetische Zentrum unter der Leitung eines **Josephus Winter** gegründet.

Angesichts des Erfolges begann **Hubbard** damit, Vorträge zu halten, flog in den USA von Küste zu Küste, um die wachsende Anhängerschar mit seinen Reden

---

[14] Norbert J. Potthoff: „Was ist Scientology?", Krefeld 1992, S. 6.

[15] Evans, Kulte, Seite 35ff.

[16] ebenda.

zu beglücken. Der Erfolg der Dianetik brachte ihm beträchtliche Summen ein.
Dianetik wurde kurzzeitig gar zum Modetrend.

Der erste „Clear"

Mit großer Spannung warteten Hubbards Gefolgsleute auf ein wichtiges Ereignis, das sich, folgt man den Lehren des Science-fiction-Autors, zwangsläufig ergeben mußte. Denn nach **Hubbard** erreicht der Mensch nach einer gewissen Zeit dianetischer Behandlung, dem „Auditing", einen sehr hochwertigen Zustand, den er mit „Clear" bezeichnete.[17] Als nun schon Tausende sich gegenseitig „dianetierten" und noch immer niemand das angestrebte Ziel des „Clear" erreicht hatte, wuchs der Erfolgsdruck auf **Hubbard**. So präsentierte er im August 1950 den weltersten „Clear".

Ort der Vorstellung war das Shrine Auditorium in Los Angeles, ein großer Saal, der mehr als 6000 Besucher faßt. An diesem Vortragsabend war die Halle restlos ausverkauft. Auch der Filmautor **Cy Endfield** war unter den Interessierten. Sein Bericht, den er später verfaßte, klingt allerdings nach **Evans** eher ernüchternd: *„Endfield erinnerte sich, daß ein erregtes Raunen durch das Publikum ging, als Hubbard, nachdem er sich mit einiger Ausführlichkeit zu verschiedenen Themen geäußert hatte, eine hübsche College-Studentin namens Sonia Bianca auf die Bühne rief, die er dem Publikum als der Welt ersten ‚Clear' präsentierte. Miss Bianca, die von alledem ein wenig überwältigt schien, beantwortete ein paar Routinefragen Hubbards, ohne dabei irgendwelche spektakulären Kräfte zu offenbaren, und es ist anzunehmen, daß Hubbard diese Demonstration für ausreichend hielt. Mr. Endfield freilich war anderer Meinung; denn er erinnerte sich, daß von ‚Clears' immer wieder behauptet worden war, sie könnten sich alle sinnlichen Wahrnehmungen ihres Lebens ohne Ausnahme ins Gedächtnis zurückrufen. Und da er wußte, daß Miss Bianca im Hauptfach Physik studierte, beschloß er, ihr ein paar einfache Fragen aus ihrem eigenen Fachbereich zu stellen. Erstaunlicherweise schien sie unfähig, sich auch nur an die elementarsten Formeln, etwa an das Boyle-Mariottesche Gesetz zu erinnern und war völlig am Ende, als sie aufgefordert wurde, die Farbe von Hubbards Krawatte zu nennen, als dieser ihr gerade den Rücken zukehrte. Es war ein kritischer Augenblick. Respektloses Gelächter ließ sich vernehmen, und ein Teil der Zuschauer stand auf und verließ den Saal."* [18]

Mit der schnellen Expansion der Dianetik-Organisation – weitere Filialen der „**Hubbard** Dianetic Research Foundation" wurden in New York, Washington, Chicago, Los Angeles, Honolulu und Kansas City gegründet – wuchs die Unru-

---

[17] Siehe dazu unten Kapitel 2: „Ideologie und Methoden", Seite 47ff.
[18] Evans, Kulte, S. 56f.

he unter der amerikanischen Ärzteschaft. Schon sehr früh, im September 1950, warnte die anerkannte American Medical Association (AMA, Amerikanischer Ärzteverband) ihre Mitglieder und die Öffentlichkeit vor der Dianetik-Therapie. Die Besorgnis der Ärztevereinigung, daß die zügellose Hobby-Psychiatrie der **Hubbard**-Anhänger schwere Schäden hinterlassen könnte, führte zu einer Resolution der AMA: *„Solange keine Sicherheit hinsichtlich der Gültigkeit der Behauptungen des Autors von ‚Dianetics' besteht, mahnt die Vereinigung zur Vorsicht wegen der Tatsache, daß diese Behauptungen nicht durch empirische Ergebnisse jener Art gestützt werden, die zur Etablierung wissenschaftlicher Verallgemeinerungen gefordert werden. Wegen des Fehlens solcher Ergebnisse empfiehlt die Vereinigung ihren Mitgliedern im Interesse der Öffentlichkeit, diese der Dianetics eigenen Techniken ausschließlich zu wissenschaftlichen Untersuchungen bezüglich der Überprüfung der Sicherheit dieser Behauptungen anzuwenden."* [19]

Amerikanische Ärzte warnen

Die Warnung der anerkannten Mediziner-Vereinigung, die heute rund 250 000 Mitglieder aufweist, haben **Hubbard** und seine Organisation der AMA nie verziehen. Fortan begann der Kampf gegen die Schulpsychiatrie, der bis heute anhält.

Rundfunkvorträge lösten einen weiteren Werbeboom aus. Von Juni bis Dezember 1950 – auf der Spitze der ersten Dianetik-Erfolgswelle – sollen es über 180 Vorträge und Demonstrationen gewesen sein. Doch sollte die Kritik an **Hubbard** schon bald Wirkung zeigen. Nach der ersten unbestreitbar erfolgreichen Periode der Dianetik im Jahre 1950 kam es 1951 zu einer Krise um **Hubbard**. Zum einen wird berichtet, daß die **Hubbard** Dianetic Research Foundation in finanzielle Schwierigkeiten geriet. Dies vor allem deshalb, weil es an vorhersagbaren Resultaten mangelte.[20] Zum anderen ging die Ehe mit **Hubbards** zweiter Frau **Sara** in die Brüche.

Hier kam es nun zu einer dramatischen Entwicklung. Dabei stand **Hubbards** zweite Ehefrau, **Sara Northrup**, mit im Mittelpunkt des Geschehens. **Hubbard** glaubte nämlich, daß seine Frau zusammen mit Personen aus der Organisations-Führungsschicht ein Komplott gegen ihn plane.[21] Als dann der Dianetik-Grün-

---

[19] Friedrich-Wilhelm Haack: „Scientology – Magie des 20. Jahrhunderts", München 1982, S. 57.

[20] Edition ScienTerra im VAP-Verlag (Hrsg.): „Scientology, Mehr als ein Modetrend", Preußisch Oldendorf 1991, S. 25. Der Autor dieses Buches wird nicht genannt, soll aber laut Vorwort des Verlegers ein „Insider von Rang" sein.

[21] Evans, Kulte, S. 67.

der nach einem mysteriösen Zwischenfall in seiner New Yorker Wohnung den Eindruck hatte, man habe ihn unter Drogen gesetzt und ihn einer „Gehirnwäsche" unterzogen, flüchtete er kurzerhand nach Havanna auf Kuba und nahm seine Tochter **Alexis** mit.[22]

Die „New York Times" allerdings gab damals eine andere Erklärung der Vorgänge. Danach habe **Hubbards** Arzt seiner Frau erklärt, daß ihr Mann an einer geistigen Störung leide, die als „paranoide Schizophrenie" bekannt sei.[23] Am 23. April 1951 reichte **Sara Northrup-Hubbard** die Scheidung ein. Vor Gericht gab sie zu Protokoll, daß ihr Mann sie während der Ehe systematisch gefoltert, geschlagen, stranguliert und mit ihr experimentiert habe.[24] Schon bald war eine Scheidungsvereinbarung erreicht. **Sara** bekam das Sorgerecht und eine monatliche Abfindung – womit die Sache plötzlich reibungslos erledigt war. Denn noch während der Verhandlungen unterschrieb **Sara Hubbard** eine Erklärung, in der sie mitteilt, daß alle Angaben, die sie über **Hubbard** gemacht habe, falsch seien.[25] Jahre später erklärte sie dazu, sie habe einfach nur ihre Ruhe haben wollen.[26]

In dieser Situation betrat eine neue Person das Parkett des **Hubbard**-Clans. Der Dollar-Millionär und Ölkönig **Don Purcel** stöberte **Hubbard** in seinem Versteck auf und unterbreitete ihm ein interessantes Angebot. Unabhängig von der alten aufbegehrenden Führungsgilde wollte er der Dianetik zu weiterem Glanz verhelfen. Dazu sollte eine neue „Hubbard Dianetic Foundation" in Wichita/Kansas gegründet werden. Für die finanzielle Basis wollte **Purcel** ebenfalls sorgen. Doch ganz selbstlos war dieses Angebot des geschäftstüchtigen Öl-Managers nicht. Als Gegenleistung dafür sollte **Hubbard** ihm die Rechte an seinen Büchern, Tonbandaufzeichnungen und Methoden sowie an allen Titeln der alten Stiftung überlassen. **Hubbard** sah offenbar keinen anderen Ausweg und willigte ein. So kam es, daß getreu des **Purcel**-Planes in Wichita die „Hubbard Dianetik-Stiftung" gegründet wurde. Womit auch zunächst die erste Krise der **Hubbard**-Bewegung überwunden schien.

Doch das Jahr 1951 sollte noch einen weiteren schwerwiegenden Wandel in **Hubbards** Weltsicht bringen. Dieser kam in seinem nächsten Buch, das er noch in Havanna fertigstellte, zum Ausdruck. Der Titel „Die Wissenschaft des Überlebens" deutet nicht nur die persönliche Situation **Hubbards** zu dieser Zeit an;

---

[22] Corydon, Messiah, S. 301.
[23] Corydon, Messiah, S. 302.
[24] ebenda.
[25] ebenda.
[26] ebenda.

ihm gelang es damit auch, alte Anhänger neu für die Bewegung zu gewinnen. Denn mit der „Wissenschaft des Überlebens" *„stellte Hubbard ein Modell vor, das – ganz im Gegensatz zur Physik – davon ausgeht, der Gedanke in reinster Form sei die Quelle des Lebens, daß alle psychischen oder physischen Phänomene aus Gedanken erstehen, daß das Leben vom Gedanken herrührt und nicht von der Materie aus sich selbst heraus erschaffen wird. Diese dem Geist innewohnende ‚Lebenskraft' nannte er Theta... Hubbards Überlegungen gipfeln in der simplen Erkenntnis: ‚Ein lebendiger Organismus setzt sich aus Materie und Energie in Raum und Zeit zusammen und ist von Theta belebt.'"* [27] Das Geistwesen selbst erhielt später den Namen „Thetan". Und diesem „Thetan" gilt die ganze Aufmerksamkeit der Scientology-„Therapie". In einer Scientology-Werbeschrift wird dieses Buch denn auch als der Grundstein der späteren Scientology-„Kirche" ausgewiesen. *„Dieses Buch beinhaltete die Gründung der Religion Scientology. Mr. Hubbard hatte die Grenzen der Wissenschaft überquert und trat nun in das Reich der Religion ein."* [28]

Laut **Corydon** und **L. Ron Hubbard junior** soll der Sci-

Hilfsmittel Drogen

ence-fiction-Autor sich zu dieser Zeit mehrerer Hilfen bedient haben. Zum einen erklärte **Hubbards** Sohn, der bis 1959 seinem Vater beim Aufbau von Dianetik und Scientology zur Seite stand, daß sein Vater regelmäßig harte Drogen genommen habe. *„Dad gave a lot of his lectures on cocaine or stimulants of one kind or another. He could really get brilliant on the stuff."* [29] (Vater hielt eine Reihe seiner Vorlesungen unter Kokain oder den einen oder anderen Stimulanzien. Er konnte wirklich brillant sein unter Stoff.)

Die zweite Hilfe bildeten laut **Corydon/Hubbard junior** die geheimen magischen Bücher von **Aleister Crowley:** *„Jeden Abend ging er während seiner Vorbereitung auf die Vorlesungen des nächsten Tages den Flur im Hotel auf und ab, erheitert von dieser oder jener Passage aus Aleister Crowleys Schriften... Einen Monat zuvor war er in London, wo er seinen Wissensdurst letztendlich stillen konnte, sein Verlangen nach der wahren, reinen, nackten Macht der Magie... Die Umgebung des ‚Großen Tiers' (Crowley) zu spüren und zu kosten, Crowleys Bücher, Manuskripte und Andenken zu berühren, brachte ihn zur Extase!"* [30] In einem Gespräch unter vier Augen soll **Hubbard** seinem Sohn erklärt haben: *„Ich habe geschafft, daß die*

---

27 Edition ScienTerra, Scientology, S.31.

28 Werbung der Scientology: „L. Ron Hubbard, The Man and his work", 1986, S. 7.

29 Corydon, Messiah, S. 57.

30 Corydon, Messiah, S. 325.

Magie wirklich funktioniert... Keine albernen Rituale mehr. Ich habe die Magie auf ihre Grundlagen reduziert – Zugang ohne Verpflichtung." [31]

Noch Anfang der fünfziger Jahre wurde eine wesentliche Neuerung im dianetischen Verfahren eingeführt: das sogenannte „E-Meter". Es wird während des „Auditing", der dianetischen „Therapie", eingesetzt. Nach Meinung der Münchener Staatsanwaltschaft, die sich dabei auf wissenschaftliche Überprüfungen stützt, handelt es sich bei dieser Maschine um ein „lügendetektorähnliches Gerät". [32]

Von 1951 bis 1954 veröffentlichte **Hubbard** 20 neue Bücher, die das ideologische Konzept und die „Heilstechnik" der späteren Scientology vorstellten. Unter ihnen war auch das Buch „Selbstanalyse": *„Mit Selbstanalyse können Sie nun die ersten Segnungen der Dianetik selbst erleben: bei sich zu Hause, ohne großes Training und ohne die Zeit einer anderen Person in Anspruch zu nehmen."* [33] Noch heute ist dieses Buch **Hubbards** einer der wichtigsten Werbeträger der Scientology.

Die Freundschaft zwischen **Hubbard** und **Purcel** sollte bald jäh enden. Offenbar mißfiel **Hubbard** seine neue Rolle – quasi Angestellter des **Purcel**-Konzerns zu sein – so sehr, daß er sich laut **Evans'** Recherchen im Februar 1952 wieder davonmachte. **Hubbard** wollte allein noch einmal von vorn anfangen. Für ihn entstand dabei eine verzwickte Situation. Denn als Erfinder der Dianetik durfte er sein Gedankengut nicht vermarkten. Die Rechte an seinen Büchern hatte er ja an **Purcel** abgetreten, und diese blieben noch einige Jahre bei der Gesellschaft in Wichita.

Hubbard machte jedenfalls einen neuen Anfang in Phoenix/Arizona. Dazu gehörte auch die Eheschließung mit **Mary Sue Whip,** die er in Wichita kennengelernt hatte, im März 1952. Diesmal setzte der ehemalige Science-fiction-Autor zum großen Coup an. Denn in dieser Zeit muß ihm die Idee gekommen sein, aus seiner Selfmade-Psychotherapie ein religiöses Unternehmen zu machen. Und während die Wichita-Foundation trotz Werbekampagne und allen Rechten an **Hubbards** Büchern ohne seinen „inspirierenden Geist" und sein Charisma immer mehr an Boden verlor, setzte er seine Idee von der Gründung der Scientology in die Tat um. Ein wichtiger Schritt auf diesem Weg vollzieht sich am 10. September 1952: An diesem Tag wird in Phoenix die „**Hubbard** Association of Scientologists" in das Handelsregister eingetragen. Als diese sich als weitaus

---

[31] Corydon, Messiah, S. 327.
[32] Bescheid der Staatsanwaltschaft München vom 24. April 1986, Az. 115 Js 4298/84, S. 55f.
[33] L. Ron Hubbard: „Selbstanalyse", Kopenhagen 1984, S. 5.

zugkräftiger als die alte Dianetik Foundation erwies, kam es im Frühjahr 1953 zu weiteren Filialgründungen der **Hubbard** Association of Scientologists in Pennsylvania, New Jersey und sogar in London.

Genaue Informationen, wie es wann zur formellen Gründung der Scientology-„Kirche" kam, gibt es nicht. Über den Vorgang existieren verschiedene Darstellungen mit höchst unterschiedlichen Daten. Die Selbstdarstellung der Scientologen

Psychokirche Scientology

nennt das Jahr 1954, in dem die „Church of Scientology of California" als „erste offizielle Kirche" gegründet worden sei.[34]

Wichtiger als das unsichere Datum der Gründung der Scientology-„Church" sind die Gründe, die **Hubbard** bewogen haben könnten, aus seiner selbstgestrickten Psychotherapie ein Religionsunternehmen zu machen. Endgültig werden sie wohl nicht zu klären sein. Daß es dabei aber auch um Geld ging, wird aus einer Briefpassage deutlich, die **Hubbard** verfaßte und die die Aktionsgemeinschaft Bildungsinformation in einer Schrift über Scientology zitiert: *„Es scheint, daß wir jetzt alles hinbekommen werden. Und gute Neuigkeiten. Alle Auditoren werden Geistliche sein, und Geistliche haben an vielen Orten besondere Privilegien, einschließlich Steuer- und Wohnungsvergünstigungen. Natürlich ist alles eine Religion, was den menschlichen Geist behandelt. Und auch Parlamente greifen Religionen nicht an."*[35]

Die Münchener Staatsanwaltschaft, die sich in den achtziger Jahren mit Scientology beschäftigte, sah allerdings andere Ziele im Mittelpunkt der Organisation: *„Die von dem unlängst verstorbenen Science-fiction-Schriftsteller L. R. Hubbard gegründete, weltweit – auch in der Bundesrepublik – tätige Church of Scientology (Scientology Kirche, Abk. SK) versteht sich intern als Dienstleistungsbetrieb, der Materialien wie Bücher, Kassetten, lügendetektorähnliche Geräte, die E-Meter genannt werden, und Dienstleistungen wie Kurse und Auditing (geistige Beratung), das eine Art Psychotherapie darstellt, an die Öffentlichkeit zur ‚Befreiung der Kunden' verkauft."*[36]

---

[34] Scientology Kirche Deutschland (Hrsg.): „Die Scientology Kirche in Deutschland", München 1985, S. 9.

[35] ABI – Aktion Bildungsinformation e. V.: „Die Scientology-Sekte und ihre Tarnorganisationen", Stuttgart o. J., S. 26.

[36] Bescheid der Staatsanwaltschaft beim Landgericht München I, Az. 115 Js 4298/84, S. 10f.

1955 begab sich **Hubbard** auf eine Weltreise, wobei er sich zunächst auf englischsprachige Länder konzentrierte: Neuseeland, Südafrika und Australien. Schließlich traf **Hubbard** in England ein, wo er einen neuen Schwerpunkt seiner Aktivitäten entfalten wollte. Am 10. Dezember 1950 wurde die Gründungsversammlung für „The Church of American Science (United Kingdom Chapter)" abgehalten. Ansonsten nutzte er die Jahre zwischen 1954 bis 1959 zum Auf- und Ausbau seiner Scientology-„Kirche".[37]

Mittlerweile hatte **Hubbard** auch Interesse an einem neuen Wissenschaftsbereich gefunden: Atomspaltung und radioaktive Strahlung. Im Jahr 1957 erschien sein Buch „Alles über radioaktive Strahlung". Darin behauptet er, er habe eine Methode entwickelt, mit der der menschliche Körper von radioaktiver Strahlung „gereinigt" werden könne. Kein Wunder, daß nach der Reaktorkatastrophe von Tschernobyl im Mai 1986 die Scientologen mit diesem Buch und diversen Therapien für eine Strahlen-Reinigung warben.

Neues Zentrum in England

1959 verlegte **Hubbard** seinen Wohnsitz nach England. Dabei fand er – nachdem seine dritte Frau **Mary Sue** ihm bereits das vierte Kind geboren hatte – eine „standesgemäße" Unterkunft bei Sussex: **Hubbard** residierte mit seiner Familie auf dem ehemaligen Landsitz des Maharadjas von Jaipur auf Saint Hill Manor, nahe dem kleinen Ort East Grinstead. 1728 war dieses herrschaftliche Haus gebaut worden. Es kostete 16000 Pfund und war nur 30 Meilen von London entfernt. Dazu **Evans:** *„Mit elf Schlafzimmern, acht Bädern, einem Ballsaal, einem Swimmingpool und zahlreichen Wohnräumen war es geräumig für fast jeden."* [38]

Es scheint, als habe **Hubbard** zu dieser Zeit ein wenig das Interesse an seiner Dianetik und Scientology verloren. Ein unerwarteter Boom nach jahrelanger Stagnation der Scientology bereitete der Geruhsamkeit aber bald ein Ende. Da nun East Grinstead als Heimat des Scientology-Gründers fungierte, zog es viele Anhänger dorthin. Und die begannen nun ausgerechnet in der kleinen englischen Stadt damit, besonders heftig für den neuen „Glauben" zu werben. Noch im Jahr 1960 soll es zu Konflikten mit der Bevölkerung gekommen sein. Ungeachtet solcher kleineren Probleme wurde Saint Hill Manor zum internationalen Zentrum der Scientology.

---

[37] Edition ScienTerra, Scientology, S. 45.

[38] Evans, Kulte, S. 81.

Hubbard hielt Tausende von Vorträgen, gab „Auditing", schrieb wie besessen Verlautbarungen, die sogenannten „HCOBs" oder „Hubbard Communication Office Bulletins" die an die Auditoren weltweit verschickt wurden. Während Hubbard in Großbritannien weiter nach einem Weg zur Befreiung und Selbstbestimmung des „Thetans" suchte, setzte die Food and Drug Administration (Nahrungs- und Arzneimittelbehörde) in den USA zum ersten Schlag gegen Scientology an: Am 4. Januar 1963 marschierten Bedienstete dieser US-Bundesbehörde in das Washingtoner Büro der Scientologen und beschlagnahmten kübelweise Bücher, Schriften und „E-Meter". Die Scientologen, die sich nun in die Rolle einer verfolgten Minderheit begaben, belegten die FDA mit dem Vorwurf, „religiöse Intoleranz" zu zeigen. Dies fiel ihnen um so leichter, als die FDA keine ausreichenden Fakten für eine Anklage oder einen erfolgreichen Prozeß gegen die Bewegung zusammentragen konnte.

Erpressung und Geldschneiderei

Doch schon bald drohte neues Unheil. Im November 1963 sagte ein Abgeordneter vor dem „Legislative Council" des Parlaments von Victoria in Australien aus, die Scientology diene der Erpressung und Geldschneiderei.[39] Dies löste eine Reihe von Nachforschungen aus. Ein parlamentarischer Untersuchungsausschuß wurde unter der Leitung von Kevin Anderson eingesetzt. Nach 160 Verhandlungstagen lag 1965 das Ergebnis dieses Ausschusses in Form eines Berichts vor, der unter dem Namen „Anderson-Report" öffentlich bekannt wurde. Aufgrund dieses Reports wurde im australischen Bundesstaat Victoria für Jahre die Ausübung von Scientology gegen Bezahlung unter Strafe gestellt:

„In dem Report heißt es über Hubbard, daß an seiner ‚geistigen Gesundheit erhebliche Zweifel bestehen' und: ‚Ihr Gründer verfügt über nicht mehr als einen Hauch von Ahnung in verschiedenen wissenschaftlichen Bereichen, und diese Ansätze von Halbbildung sind das Fundament, auf dem er ein verrücktes und gefährliches Gebäude errichtet hat...'" [40] Hubbard zog es vor, persönlich nicht vor diesem Untersuchungsausschuß zu erscheinen. Omar V. Garrison verteidigt dieses Verhalten Hubbards in seiner Schrift „Geheimreport Scientology" so: *„Es ist kaum daran zu zweifeln, daß man angesichts der zu jener Zeit in Victoria herrschenden Atmosphäre Hubbard Geisteskrankheit bescheinigt oder ihn wegen Betrugs ins Gefängnis gebracht hätte..."* [41]

---

[39] Evans, Kulte, S. 94.

[40] Haack, Scientology, S. 59.

[41] Omar V. Garrison: „Geheimreport Scientology – Psychopolitik, die moderne Inqui-

Die unterdessen weltweite massive Kritik an Scientology zwang **Hubbard** zu
Erklärungen, gerade auch gegenüber seinen Anhängern. Denn es war nur
schwer zu vermitteln, warum eine angeblich so großartige Sache wie Diane-
tik/Scientology ständigen Angriffen ausgesetzt war. **Hubbard** lieferte Anfang
der sechziger Jahre eine Erklärung. Zu diesem Zeitpunkt war er zu der Überzeugung gelangt, daß Scientology nicht nur Feinde auf dieser Erde, sondern
auch „in dem sie umgebenden galaktischen Sektor" habe.

Intergalaktische Feinde

Um dies zu verstehen,
bedarf es einer Erläu-
terung. Scientology
und Dianetik dienten inzwischen nicht nur der Beseitigung geistiger Störungen,
die ein Mensch in seinem derzeitigen Leben erlitten hatte. Hinzu kamen auch
vorgeburtliche Störungen sowie diejenigen, die ein „Thetan" (das unsterbliche
Geistwesen des Menschen) angeblich in früheren Leben hatte. Ein wesentliches
Ziel der scientologischen Verfahren war es nun, die „Thetane" vom menschlichen Körper unabhängig zu machen, sie frei operieren zu lassen. Später wurde
für dieses Verfahren der Begriff „Operating Thetan" (kurz OT) geschaffen. Ein
befreiter „Thetan" kann sich im Sinne der scientologischen Lehre willkürlich in
Raum und Zeit bewegen, also auch im Weltraum – heute oder vor Billionen
Jahren.

Zurück zu **Hubbards** Theorie über seine intergalaktischen Feinde. **Hubbard**
glaubte offenbar, daß die Drahtzieher der Kritikerbewegungen gegen Scientor-
logy nicht auf der Erde, sondern im All zu suchen seien.[42] Andere unsterbliche
„Thetane" versuchten demnach, Scientology auf Erden den Garaus zu machen.
Seine Vorstellung kommt in einem Bulletin zum Ausdruck, das er am 11. Mai
1963 veröffentlichte. Darin teilte er seiner Gläubigenschar mit, daß er zwei Tage
zuvor „abends um zehn Uhr und eine halbe Minute für 43 891 832 611 117 Jahre,
344 Tage, zehn Stunden, 20 Minuten und 40 Sekunden" den Himmel besucht
habe.[43]

Am 25. Juni 1963 gab **Hubbard** dann die Marschroute der Scientology für die
nächsten Jahre vor. Auf allen juristischen Ebenen sollten die „Stellung gehalten,
Rechtsstreitigkeiten womöglich gewonnen, auf keinen Fall aber nachgegeben werden".[44] Gleichzeitig sollen die Forschung vorangetrieben und so schnell wie

sition", Wiesbaden 1984, S. 154.
[42] Edition ScienTerra, Scientology, S. 51.
[43] Volker Albers in Jörg Herrmann (Hrsg.): „Mission mit allen Mitteln. Der Scientology-Konzern auf Seelenfang", Hamburg 1992, S. 60.
[44] Edition ScienTerra, Scientology, S. 52.

möglich „OT" gemacht werden. *„Der erste Schritt ist, den Atomkrieg und planeta-*
risches Chaos zu verhindern und die Erde als ein Rehabilitationszentrum zu benut-
zen, da hier die (scientologische) Technologie schon gut eingeführt ist. Ein zweiter
darauffolgender Schritt war, den zentralen Organisationen [der Scientology] *nicht*
unähnliche Arbeitseinheiten in nahegelegenen Systemen einzurichten." [45] **Hubbard**
hatte an alles gedacht, sogar daran, diesen Plan in der Galaxie mit anderen abzu-
sprechen: *„Mit den stellaren Mächten, die sich für diese Bereiche interessieren, wird*
sich kein ernstzunehmender Konflikt entwickeln, da ich für die beiden, die in dieser
Galaxis am meisten davon berührt werden, die Hand ins Feuer legen kann, nämlich
Espinol United Stars, wozu das Sonnensystem entfernt gehört, und die Galaktische
Konföderation, der sich Espinol mit Maßen beugt." [46]

Wohlgemerkt: Dies ist nicht das Drehbuch für eine weitere Episode des Raum-
schiffs „Enterprise". Dies war und ist wesentlicher Bestandteil des scientologischen Lehrgebäudes. Der Einwand, **Hubbard** sei schließlich Science-fiction-
Autor und habe dies vielleicht nicht ernst gemeint, hilft hier nicht mehr weiter.
Denn dieser interplanetarische Verschwörungsglaube hatte sehr reale, dramati-
sche Konsequenzen auf die Scientology-Organisation und ihre Heiltechnik.

Am 7. Februar 1965 erklärte **Hubbard** in einem Richtlinienbrief an seine Organisation mit dem Titel „Die Funktionsfähigkeit der Scientology erhalten", daß
„demokratische Gepflogenheiten" in der Scientology fehl am Platze seien: *„Die-*
ser Punkt wird natürlich als ‚unpopulär', ‚selbstgefällig' und ‚undemokratisch' ange-
gegriffen werden. Das
mag durchaus stim-
men. Aber es ist auch
eine Überlebensfrage.

Lieber tot als unfähig

Und ich sehe nicht, daß populäre Maßnahmen, Selbstverleugnung und Demokratie
dem Menschen irgend etwas gebracht haben, außer, ihn weiter in den Schlamm zu
stoßen." [47] Aus einem losen Haufen interessierter Scientologen sollte nun eine
verschworene Gemeinschaft werden: *„Wenn sich jemand für einen Kurs ein-*
schreibt, dann betrachten Sie ihn als Mitglied für die Dauer dieses Universums...
Wenn sich jemand eingeschrieben hat, so ist er an Bord, und wenn er an Bord ist,
dann ist er zu denselben Bedingungen hier wie alle anderen von uns – gewinnen
oder beim Versuch sterben... Die richtige Ausbildungseinstellung ist: ‚Du bist hier,

---

[45] ebenda.

[46] ebenda.

[47] L. Ron Hubbard: HCO-Richtlinienbrief vom 7. Februar 1965, veröffentlicht in
„PTS/SP-Kurs", New Era Publications International (Hrsg.), Kopenhagen 1989, S. 4.

also bist du ein Scientologe. Jetzt werden wir dich zu einem fachmännischen Auditor machen, was auch immer geschieht. Wir haben dich lieber tot als unfähig." [48]

Hubbard mahnend zum Schluß dieses Richtlinienbriefes: *„Wir spielen nicht irgendein unbedeutendes Spiel in der Scientology. Es ist nicht nett oder etwas, was man in Ermangelung eines Besseren tut. Die gesamte qualvolle Zukunft dieses Planeten – jedes Mannes, jeder Frau und jedes Kindes darauf – und Ihr eigenes Schicksal für die nächsten endlosen Billionen Jahre hängen davon ab, was Sie hier und jetzt mit und in der Scientology tun. Dies ist eine tödlich ernste Tätigkeit."* [49]

Kritiker werden Freiwild

Was **Hubbard** unter einer „tödlich ernsten Tätigkeit" verstand, sollte sich bald zeigen. Zunächst definierte er das Wort „Ethik" neu. Ethik bedeutete nun für die Scientology, „Gegenabsichten aus der Umgebung zu entfernen". [50]

Am 7. März, am 17. März und am 23. Dezember 1965 schrieb er drei weitere Richtlinienbriefe mit den Titeln: „Unterdrückerische Handlungen, Unterdrückungen von Scientology und Scientologen", „Freiwild-Gesetz" und „Freiwild-Gesetz, Organisation, unterdrückerische Handlungen – die Quelle des Freiwildgesetzes". [51] Eine wichtige Aussage dieser Briefe war, daß „unterdrückerische Handlungen" dadurch gekennzeichnet seien, daß jemand versuchte, Scientology in seiner Arbeit zu behindern. Eine Person, die solches tut, ist demnach eine „Suppressive Person", eine „unterdrückerische Person". Und mit solchen wollte **Hubbard** nicht weiter nachsichtig umgehen. Wer sich als Feind der Scientology herausstellte, sollte auch als solcher behandelt werden: *„Feind – Befehl für suppressive Personen. Fair game [Freiwild]. Ihr kann das Vermögen weggenommen werden, oder sie kann durch jedes Mittel geschädigt werden, oder durch jeden Scientologen, ohne Nachteil für den Scientologen. Sie kann ausgetrickst, verklagt oder belogen oder vernichtet werden."* [52]

Die Methoden, Scientology funktionsfähig zu halten, waren vielschichtig. Dazu gehörte auch, die Anhängerschaft mit immer neuen Erfolgsmeldungen bei Laune zu halten. Ein wichtiges Datum in diesem Zusammenhang war der 2. April

[48] ebenda.
[49] ebenda.
[50] L. Ron Hubbard, PTS/SP-Kurs, S. 197.
[51] Eidesstattliche Erklärung L. Ron Hubbards vom 22. März 1976.
[52] ABI – Aktion Bildungsinformation e. V. (Hrsg.): „Eidesstattliche Versicherung zur Vorlage bei einer ‚Class Action', einem Sammelverfahren mehrerer Ex-Scientologen auf Schadensersatz in Millionenhöhe", ABI 12-80-94, S. 94.

1965. An diesem Tag erklärte **Hubbard** in einem HCO Bulletin (**Hubbard Communications Office** Bulletin): *„I have just made a breakthrough in finding what a clear really is."* [53] Damit offenbarte **Hubbard**, daß die von den Scientologen bis dahin geschaffenen „Clears" offenbar voreilig zu Supermenschen erklärt worden waren. Denn in dieser Anweisung räumte er ein, daß diese tatsächlich nur „simulierte" Clears seien und lediglich den Zustand „Release" hätten. Der Zustand „Clear" liege oberhalb dieses Zustandes, und zwischen dem Clear und dem sogenannten „Operierenden Thetan" lägen noch viele weitere Stufen. Der erste „Clear" nach der neuen Definition wurde ein gewisser **John McMasters**, ein Südafrikaner. Die Scientology-Zeitschrift „Advance" berichtete, daß dies „im März 1965" gelungen sei.[54] Nach dieser Verkündung soll die Zahl der Studierwilligen erheblich angestiegen sein.

Nach Veröffentlichung des australischen **Anderson**-Reports begannen auch in England Untersuchungen über das Wirken der Scientology. Die Folge: **Hubbard** suchte offenbar nach einem neuen Ort, wo er seine Lehre ungestört weiter ausbauen konnte. Alsbald verließ er sein organisatorisches Führungszentrum in England und reiste zunächst ins südliche Afrika. Schließlich – so berichtet **Evans** – machte er Anstalten, sich in Rhodesien häuslich niederzulassen. Er nahm an Partys teil, erweiterte seinen Bekanntenkreis von Nicht-Scientologen und genoß das gesellschaftliche Leben. Der Scientology-Gründer erklärte damals im rhodesischen Fernsehen – ob aus taktischen Erwägungen oder aus echter Überzeugung, sei dahingestellt – er wolle für immer in der Hauptstadt Salisbury bleiben und sei nicht mehr aktiv auf dem Sektor der Scientology.[55] Doch die örtlichen Behörden waren damit offenbar nicht einverstanden: *„Anfang Juli erfuhr er zu seiner Verblüffung, daß die rhodesischen Behörden seinen Antrag auf Verlängerung seines Besuchervisums kurzerhand abgelehnt hatten und daß er das Land bis zum 16. Juli 1966 verlassen müsse, nachdem er gerade sechs Monate zuvor eingetroffen war."* [56]

Während **Hubbard** auf Reisen war, hatte sich in seiner Studier- und Nachwuchsschmiede in England auf Saint Hill Manor einiges getan. Seine Frau **Mary Sue Hubbard** rückte immer mehr in den Mittelpunkt der Macht. **Evans** schreibt dazu: *„Die Organisation in Saint Hill wurde zusehends autoritärer."* [57] Am 1. März 1966 gab **Hubbard** die Gründung des sogenannten „Guardian

---

[53] HCO-Bulletin vom 2. April 1965.

[54] Peter Matteson (Hrsg.): „Advance!" Deutsche Beilage 81, Kopenhagen 1984, S. 1.

[55] Evans, Kulte, S. 97.

[56] ebenda.

[57] Evans, Kulte, S. 99f.

Gesinnungsbeauftragte

Office" bekannt. Diese Organisation sollte sich später zu einem Geheimdienst entwickeln und in den siebziger Jahren für den wohl folgenschwersten Skandal um Scientology sorgen. *„Eine Art interner Polizei, die ‚Gesinnungs-Beauftragten' (Ethics Officers), übte eine beträchtliche Macht aus."* [58] Oberste „Guardian" wurde Hubbards Frau **Mary Sue**. *„Solange Hubbard auf Reisen war, verband ihn stets ein ununterbrochenes Hin und Her von Fernschreiben mit dem Hauptquartier, wo seine Frau Mary Sue an seiner Stelle als ‚Hüterin' (Guardian) regierte."* [59]

Schon am 15. Februar 1966 hatte **Hubbard** seine Organisation mit einem Richtlinienbrief in eine Art Kampfbereitschaft gesetzt: *„Lassen Sie sich nie zahm auf eine Untersuchung gegen uns ein... Machen Sie es den Angreifern von Anfang an schwer... Gewiß, wir haben nichts zu verbergen. Aber Angreifer sind für uns einfach Anti-Scientology-Propagandafiguren. Sie haben bewiesen, daß sie keine Fakten wollen, und werden nur lügen, ganz gleich, was sie entdecken. Also verbannen Sie jegliche Vorstellung, daß so etwas wie eine faire Anhörung beabsichtigt sei, und starten Sie unseren Angriff bei ihrem ersten Atemholen. Zögern Sie keine Sekunde. Sprechen Sie nie über uns, nur über die anderen. Verwenden Sie deren Blut, Sexualleben, Straftaten, um Schlagzeilen zu bekommen."* [60]

Es wird spekuliert, daß der Aufbau von Abwehrorganisationen der Scientology mit dem Beginn der massiven Anti-Scientology-Kampagne in England zusammenhing. Dort soll der Abgeordnete **Lord Baniel** am 7. Februar 1966 mit Blick auf die australischen Untersuchungen eine Anfrage an den damaligen Gesundheitsminister **Kenneth Robinson** mit dem Wortlaut gestellt haben: *„In Anbetracht der scharfen Kritik seitens eines amtlichen Untersuchungsausschusses in Australien an der sogenannten Praktik der Scientology dürfte der ehrenwerte Abgeordnete doch wohl der Ansicht sein, daß es im Interesse der Öffentlichkeit ist, eine ähnliche Untersuchung auch in England durchzuführen."* [61]

Am 1. September 1966 legte **Hubbard** alle Vorstandsämter der Scientology-„Kirche" nieder und gab sich den Titel „Founder" (Gründer). Dies hatte aber offenbar keinerlei Einfluß auf seine Weisungskompetenz in Fragen der Lehre wie der Organisation. Denn bald schon wartete er mit einer neuen „Sensation" auf, sowohl was die Lehre als auch die Organisation anbelangt.

---

[58] ebenda.
[59] ebenda.
[60] Garrison, Geheimreport, S. 76.
[61] Garrison, Geheimreport, S. 179.

Zunächst zur Lehre: Im Herbst ging **Hubbard** auf die Kanarischen Inseln, um sein Material für die neuen Kursstufen fertigzustellen. Im Juli 1966 waren bereits die Stufen OT I und OT II (OT = „Operating Thetan") „freigegeben" worden.[62] Laut **Corydon** entwickelte **Hubbard** auf den Kanarischen Inseln auch die bis heute in der Scientology sagenumwobene Kursstufe OT III, auch als „Sprung durch die Feuerwand" bezeichnet. Dahinter verbirgt sich eine Art Dämonenjagd.[63]

Damit zur Organisation: Ende 1966 kaufte die „**Hubbard** Exploration Company", eine der zahlreichen großen und kleinen eingetragenen Gesellschaften, aus denen sich **Hubbards** mittlerweile weitverzweigtes Imperium zusammensetzte, mehrere Schiffe. *„Sie kaufte den 414-Tonnen-Trawler ‚Avon River', der ursprünglich von Hull aus in der Nordsee eingesetzt worden war. Im weiteren Verlauf des Jahres 1967, als viele Scientologen sich noch ein wenig beunruhigt den Kopf darüber zerbrochen haben müssen, welchen Nutzen ein 414-Tonnen-Trawler für ihre Bewegung haben konnte, traf eine Nachricht ein, die einige Überraschung auslöste. Für eine Summe, die mit 60 000 Pfund beziffert wurde, hatte die Hubbard Exploration*

Flucht auf hohe See

Company einen noch größeren Fisch an Land gezogen – die 3400 Tonnen große ehemalige Kanalfähre ‚Royal Scotsman', die damals in Southampton vor Anker lag."[64] Die „Royal Scotsman", die später in „Apollo" umbenannt wurde, diente im Zweiten Weltkrieg **Winston Churchill** als Transportschiff. Mit dem Kauf der Schiffe schaffte **Hubbard** die Grundlage, sein Hauptquartier auf die offene See zu verlegen. Denn mittlerweile wurde die Situation für ihn und die Scientologen in England dramatisch. Zum einen soll ihm die Steuerfahndung auf den Fersen gewesen sein,[65] zum anderen wurde Scientology Gegenstand parlamentarischer Untersuchungen. **Evans** berichtet: *„Am 6. März 1967 feuerte der damalige Gesundheitsminister Kenneth Robinson im Unterhaus eine Breitseite gegen die Scientology ab. Er bezeichnet sie als einen ‚sinnlosen Kult, der in einem Klima der Ignoranz und der Gleichgültigkeit gedeiht', und erklärte, die Scientologen neigten dazu, ‚sich bewußt an die Schwachen, die Unausgeglichenen, die Unreifen, die Entwurzelten, die geistig und emotional Labilen heranzumachen'."*[66]

---

[62] New Era, Hubbard, o. S.

[63] Siehe dazu unten Kapitel 2: „Ideologie und Methoden", S. 49ff.

[64] Evans, Kulte, S. 106.

[65] Corydon, Messiah, S. 38.

[66] Evans, Kulte, S. 101.

Am 12. August 1967 gab **Hubbard** mit der „Flag Order Nr. 1" die Formation der sogenannten „Sea Organization" bekannt.[67] Diese wird von den Scientologen als „religiöse Ordensgemeinschaft" ausgewiesen.[68] Ihre Aufgaben sind aber durchaus weltlicher Natur. Laut Eigenbroschüre soll die Sea Org die „Scientology funktionstüchtig erhalten". Heute werden alle höheren *„OTs in Sea Org Organisationen gemacht... Die Sea Org leitet alle Sea Org- und Scientology-Organisationen auf diesem Planeten. Die Sea Org plant, startet und führt alle Technologie-, Ethik- und Verwaltungsaufträge auf der ganzen Welt aus. Alle Tonbänder, Kassetten, Bücher und Filme von* **Ron** *werden in der Sea Org hergestellt und vertrieben."* [69] Dies zumindest wurde für 1979 als Tätigkeitsbereich der Organisation angegeben.

Im Juli 1968 holt die britische Regierung endgültig zum großen Schlag gegen Scientology aus. Am 25. Juli 1968 verkündete Gesundheitsminister **Robinson** als Antwort auf eine Anfrage eines Abgeordneten drastische Einreisebeschränkungen für ausländische Scientologen. In der Erklärung hieß es: *„Die Regierung hat sich nach Erhalt aller verfügbaren Beweise davon überzeugt, daß die Scientology gesellschaftlich schädlich ist. Sie entfremdet Familienmitglieder voneinander und unterstellt allen, die sich gegen sie richten, niederträchtige und unehrenhafte Beweggründe; ihre autoritären Grundsätze und Praktiken sind eine potentielle Bedrohung der Persönlichkeit und des Wohlergehens derjenigen, die so verblendet sind, ihre Anhänger zu werden; vor allem aber können ihre Methoden eine ernsthafte Gefahr für die Gesundheit derjenigen werden, die sich ihr unterwerfen."* [70]

Wenig später traf es den „Founder" selbst. Der britische Innenminister **James Callaghan** untersagte **Hubbard** unter Berufung auf das Fremdengesetz, nach England zurückzukehren.[71]

In dieser Situation versuchte **Hubbard** offenbar, seinen ramponierten Ruf dadurch wiederherzustellen, daß er umstrittene Anweisungen zurücknahm. Mit HCO PL vom 21. Oktober 1968 untersagte der „Founder" die künftige Verwendung des Begriffes „Fair Game". Daß es sich dabei vor allem um eine Werbeaktion handelte, deutet die Begründung für den Rückzug an. Denn: *„It causes bad public relations."* [72] **Evans** berichtet darüber hinaus, daß **Hubbard** am

---

[67] L. Ron Hubbard: „Die Sea Org", Broschüre 1979, o. S.

[68] Scientology Kirche Deutschland: Die Scientology, S. 9.

[69] Hubbard, Sea Org, o. S.

[70] Garrison, Geheimreport, S. 184.

[71] Evans, Kulte, S. 103. Am 16. Juli 1980 wurde das Einreiseverbot für Scientologen wieder aufgehoben.

[72] HCO PL vom 21. Oktober 1968.

1. November 1968 eine Amnestie verkündete. Doch auch dies half nicht, die Meinung in der Öffentlichkeit gegenüber den Scientologen zu ändern.

In der Zwischenzeit machte **Hubbard** mehrere Kreuzfahrten im Mittelmeer. Schließlich trafen sich alle Schiffe der Sea Org im September 1969 bei der griechischen Insel Korfu, um dort eine neue Organisation zu gründen, die sogenannte „Advanced Organization" (AO).[73] In dieser Fortgeschrittenen-Organisation sollte offenbar nun die Ausbildung in den neuen Kursstufen erfolgen, was ja für ausländische Scientologen in England nicht mehr möglich warg. Doch dazu sollte es nicht kommen, denn der Aufenthalt in Korfu mußte wegen Schwierigkeiten mit den Behörden vorzeitig abgebrochen werden. Die griechische Regierung ordnete danach an, daß die Scientologen das Land zu verlassen hätten.[74]

Nichtsdestotrotz arbeitete **Hubbard** immer neue „Fähigkeitsstufen" aus. Dazu die Verlags-Biographie: *Im Januar 1968 wurden als eine zu erreichende spirituelle Fähigkeit die OT-Abschnitte IV, V, und VI freigegeben, und im September 1970 kam OT VIII heraus."*[75]

Was in Griechenland nicht gelang, wurde in Kopenhagen verwirklicht. In Dänemark kam es noch 1969 zur Gründung einer Advanced Organization. Nun war offenbar auch die Zeit reif für den Sprung der Scientology in die Bundesrepublik Deutschland. Am 15. Oktober 1970 wurde in München die erste deutsche Scientology-„Kirche" gegründet. In den folgenden Jahren entstanden weitere Filialen in Stuttgart, Frankfurt, Hamburg, Berlin und Düsseldorf.[76] Zwischen 1971 und 1973 soll die Sea-Org-Flotte im Ost-Atlantik zwischen Marokko, Spanien und Portugal umhergereist sein.[77]

Nach 1971 erschien in England der von dem britischen Kronanwalt und Parlamentsmitglied Sir **John G. Forster** erstellte und nach ihm benannte „Forster-Report". Durch ihn wurden große Teile bisher geheimer Originaldokumente der Scientology öffentlich gemacht. **Forster** kam zu dem Schluß, daß ein Bann, wie in Teilen Australiens gegen Scientology ausgesprochen, gegen die Traditionen des angelsächsischen Rechtssystems verstoße. Allerdings machte er auch auf

---

[73] OTC-Wien, Gerhard Förster: „Die Freie Zone – Ein Info-Pack unabhängiger Scientologen", Band 2, Wien 1984, S. 72. Hierbei handelt es sich um Ex-Scientologen, die in Konflikt mit der „Kirche" kamen. Sie sind aber weiterhin von der Richtigkeit der Hubbardschen Lehre überzeugt. Ihre Angaben können nicht auf Wahrhaftigkeit überprüft werden und haben deshalb den ebenso hohen oder niedrigen Glaubwürdigkeitsgrad wie die offiziellen Angaben der Scientology.

[74] Garrison, Geheimreport, S. 196.

[75] New Era, Hubbard, o. S.

[76] Scientology Kirche Deutschland: Die Scientology, S. 11.

[77] OTC-Wien, Freie Zone, S. 72.

die Schwierigkeiten aufmerksam, die sich aus der Verwendung des Begriffs Religion ergäben und sprach sich hier für neue Regelungen aus: *„Unter diesen Umständen empfehle ich, daß die Zeit für eine Überprüfung des Gesetzes reif ist, das diese Privilegien den religiösen Körperschaften bewilligt..."* [78]

Ende 1972 mußte **Hubbard** Marokko, seinen damaligen Aufenthaltsort, binnen 24 Stunden verlassen. Er flog daraufhin nach New York.[79] Offenbar hatte **Hubbard** neben juristischen auch gesundheitliche Probleme.[80] Doch in den USA waren die Behörden gerade mit umfangreichen Untersuchungen gegen Scientology und **Hubbard** beschäftigt. Um mittelfristig eine unbeschwerte Rückkehr **Hubbards** in die USA zu ermöglichen, waren deshalb einige Hindernisse aus dem Weg zu räumen. **Hubbard** nannte dieses Unternehmen „Operation Snow white".[81] Im September 1973 kehrte **Hubbard** zunächst nach Europa, genauer nach Lissabon zurück, wo sein Sea-Org-Schiff „Apollo" vor Anker lag.[82]

Kriminalreport Guardian Office

In den USA aber begann nun das besondere Kapitel „Snow White" der Scientology. Die amerikanische Inlands-Steuerbehörde (International Revenue Service, IRS) hatte begonnen, sich für die ausufernden Umsätze der Scientologen zu interessieren. Auch Interpol war mit Scientology und ihrer obersten Autorität **L. Ron Hubbard** befaßt. Im November 1973 erteilte die damals ranghöchste Scientologin im sogenannten Guardian Office, **Jane Kemper,** den Auftrag, alle Interpol-Dokumente in den Besitz der Organisation zu bringen, die sich mit Scientology und **Hubbard** beschäftigten.[83] Im Oktober 1974 gab **Kemper,** zu dieser Zeit in der Position des „Guardian World-Wide" (Weltweiter Sicherheitsbeauftragter) Anweisung, die Büros der IRS-Finanzbehörde im District of Columbia und die Steuerabteilung des Justizministeriums der Vereinigten Staaten *„zu infiltrieren, um alle Akten über Scientology, und ihren Gründer L. Ron Hubbard in ihren Besitz zu bringen, sowie alle persönlichen Aufzeichnungen von Amtsanwälten, die die Regierung in Sachen Scientology vertreten".* [84] Im November 1974 installierten Scientology-Agenten im Konferenzraum

---

[78] Haack, Scientology, S. 270.

[79] OTC-Wien, Freie Zone, S. 72.

[80] Corydon, Hubbard, S. 94.

[81] ebenda.

[82] OTC-Wien, Freie Zone, S. 72.

[83] ABI (Hrsg.): „Dokumentation der Anklageschrift des Bundesgerichts der Vereinigten Staaten von Amerika gegen Mary Sue Hubbard und andere", o. J., S. 8f.

[84] ebenda.

der Finanzbehörde eine elektronische Abhörvorrichtung. Danach wurden Treffen von Finanzbeamten abgehört, bei denen über Steuerangelegenheiten der Scientology beraten wurde. Ebenfalls im November war es den Scientologen gelungen, einen Agenten in die Finanzbehörde als Maschinenschreibkraft einzuschleusen. Es handelte sich um **Gerald Bennett Wolfe**. Bereits 14 Tage später meldete dieser ersten Vollzug. **Wolfe** hatte Akten beiseite geschafft.[85] Dies war der Anfang eines wahren Massendiebstahls von Behörden-Akten durch Scientology-Agenten, der sich über das ganze Jahr 1975 erstreckte.

Angespornt durch die „Erfolge" bei der Unterwanderung der Finanzbehörde wurde erneut Anlauf genommen, um in den Besitz der Interpol-Akten über Scientology und **Hubbard** zu kommen. Das Interpol-Büro befand sich zu dieser Zeit im Schatzministerium der USA. Doch damit nicht genug. Offenbar war die Auswertung der gestohlenen Dokumente so brisant, daß im Auftrag von „Guardian" **Jane Kemper** im Dezember 1975 ein Frühwarnsystem installiert wurde, *„welches dazu bestimmt war, die ‚persönliche Sicherheit' des Gründers der Scientology, L. Ron Hubbard, zu gewährleisten. Der Auftrag verlangte eine Unterwanderung von Regierungsstellen, welche die Befugnis haben, Hubbard unter Strafandrohung vorzuladen oder Gerichtsverfahren gegen ihn einzuleiten, oder Regierungsstellen, die über Ankündigungen solcher Zwangsvorladungen oder Prozesse verfügen."* [86]

Währenddessen kreuzte **Hubbard** weiterhin im Mittelmeer. Anfang 1974 wurde an Bord des Sea-Org-Flaggschiffes – der „Apollo" – das „Rehabilitation Project Force" (RPF) eingeführt.[87] **Corydon** nennt es ein „Slave labor prison project" (Sklavenarbeit-Gefängnisprojekt). Wer zum RPF-Insassen wurde, mußte die Reste essen, die die Schiffscrew übrig gelassen hatte. Er durfte nicht ohne Erlaubnis mit anderen Passagieren sprechen, trug zur Kennzeichnung einen blauen Overall und durfte sich nur im Trab bewegen.[88] Ein gewöhnlicher Grund, jemanden ins RPF zu schicken, war dessen Absicht, Scientology zu verlassen.[89]

Auf Madeira wurde im Herbst 1974 die „Apollo" von einer wütenden Menge angegriffen und beschädigt. Daraufhin verließ die Sea Org Europa in Richtung Charleston, USA. Am 10. Oktober 1974 traf man dort ein. Allerdings warten bereits FBI-Beamte im Hafen auf das Schiff. Daraufhin entschließt sich **Hubbard** zur Weiterfahrt auf die Bahamas. Das Jahr 1975 über kreuzt die „Apollo"

---

[85] ebenda.
[86] ebenda.
[87] Corydon, Hubbard, S. 101f.
[88] ebenda.
[89] ebenda.

im Karibischen Meer. Im Juli soll **Hubbard** eine Herzattacke bekommen haben und kurzfristig in stationäre Behandlung gekommen sein.[90]

Im Oktober 1975 soll **Hubbard** dann mit drei Begleitern und einer Millionen Dollar in bar von den Bahamas nach Miami in Florida geflogen sein. Alle hatten laut **Corydon** falsche Pässe dabei.[91] Die Besatzung der „Apollo" teilte sich in mehrere Gruppen auf.

Zurück an Land

Eine Management-Gruppe flog nach New York, eine zweite nach Miami, eine dritte nach Washington D. C.[92] In Fort Harrison, Clearwater, wurde eine „Flag Land Base" eingerichtet. **Hubbard** soll in der Nähe gewohnt haben.[93] Offiziell erklärte die Scientology-Organisation in Deutschland per Presseerklärung vom 19. März 1976, daß die „Apollo", *„für nahezu ein Jahrzehnt ... von Scientology Organisationen als eine Art ‚Flaggschiff' benutzt"*, nun durch einen Landstützpunkt in Clearwater/Florida ersetzt werde. Dort war nun *„die vormals auf der Apollo verfügbare Ausbildung für die leitenden Angestellten und die geistliche Beratung erhältlich"*.

Während dieser Zeit lief die Aktion „Snow White" weiter. Im Februar 1976 war es den Scientologen gelungen, eine Angestellte als Sekretärin ins Justizministerium der USA einzuschleusen.[94] Mitte März 1976 holten die Guardian Office-Scientologen zum großen Schlag aus. Sie brachen in den Raum der Finanzbehörde ein, in dem die Materialien zur Fertigung von Ausweisen lagen. Zwei Scientology-Agenten stellten sich selbst offizielle Beglaubigungsschreiben der Finanzbehörde aus.[95] Immer neue Akten wanderten in den nachfolgenden Monaten in die Hände ranghoher Scientologen. Am 18. Dezember 1976 wurde die Installation einer ständigen Abhöranlage in die Räume der Finanzbehörde beschlossen.

Doch der unablässige Schwund von Akten machte die Behörden schließlich aufmerksam. Am 11. Juni 1976 wurden zwei der Top-Agenten, **Michael J. Meisner** und **Gerald Bennet Wolfe,** auf frischer Tat ertappt. Doch selbst dieser Schlag führte nicht zur Einsicht beim Scientology-„Guardian Office". Im Ge-

---

[90] OTC-Wien, Freie Zone, S. 72.

[91] Corydon, Hubbard, S. 121.

[92] ebenda.

[93] OTC-Wien, Freie Zone, S. 72.

[94] ABI-Dokumentation, Anklageschrift, S. 16.

[95] ABI-Dokumentation, Anklageschrift, S. 17.

genteil: Nun machten sich die Verantwortlichen daran, einen Vertuschungsplan zu entwerfen.

Während am 30. Juni 1976 **Wolfe** vom FBI verhaftet wurde, versuchte man, **Meisner** zu verstecken. Nach fast einem Jahr konnte der den Druck des Untergrundlebens nicht mehr ertragen. **Meisners** Absicht, sich zu stellen, begegneten die Scientologen mit gewaltsamem Festhalten. Schließlich gelang **Meisner** die Flucht.[96]

Jetzt endlich schlug das FBI zurück, nachdem **Meisner** der Behörde seine Zusammenarbeit angeboten hatte. Dank seiner Aussage erhielt das FBI eine Durchsuchungsgenehmigung.[97] Am Morgen des 8. Juli 1977 standen 134 FBI-Angehörige vor den Scientology-Büros in San Francisco und Los Angeles, um Hausdurchsuchungen vorzunehmen. Dabei beschlagnahmten sie zentnerweise Papiere, darunter die gestohlenen Akten aus den US-Behörden.

Am 26. Oktober 1979 wurden neun hohe Funktionäre der Scientology-„Kirche" von einem amerikanischen Bundesgericht wegen Diebstahls und Verschwörung gegen die Regierung verurteilt. Obenan stand die 48jährige **Mary Sue Hubbard**.[98]

Die Schwierigkeiten der siebziger Jahre sorgten dafür, daß

Hubbard im Untergrund

Hubbard offenbar bestrebt war, so weit wie möglich unter Ausschluß der Öffentlichkeit zu leben. Mehr noch, er führte eine Art Untergrund-Dasein. Die Furcht vor Verhaftungen, vor den Fängen der Interpol und des FBI und vor allem die Sorge um die Angriffe der Steuerbehörden muß groß gewesen sein. Genährt wurde sie durch eine weitere Aktion des FBI gegen Scientology-Stützpunkte in Los Angeles und Washington im Juli 1977.[99] Als **Hubbard** schließlich seine Schiffstouren beendete und sein neues Hauptquartier in Clearwater bezog, hatten sich zwei innere Machtzentren entwickelt. Auf der einen Seite das Guardian Office, Organisator der Einbruchs- und Spionageaktivitäten, deren Führung letztendlich die Ehefrau des Scientology-Founders **Hubbard** hatte. Auf der anderen Seite die Sea Org, Verwaltungsmacht im Scientology-Imperium und damit vor allem mit finanziellen Abwicklungen beschäftigt. Irgendwann Mitte der siebziger Jahre muß die Macht **Hubbards** – über eine

---

[96] ABI-Dokumentation, Anklageschrift, S. 45.

[97] „Das Beste aus Reader's Digest", Sonderdruck aus dem August-Heft 1980, o. S.

[98] ebenda.

[99] Corydon, Hubbard, S. 155.

schwerere Krankheit wurde spekuliert – geschwunden sein.[100] Und in jenen Tagen muß auch bei manchen hochrangigen Scientologen die Frage aufgekeimt sein, was mit den Millionen der „Scientology" geschehen werde, wenn **Hubbard** nicht mehr lebe.

Ein intimer Kenner der Szene, **Jon Zegel,** selbst einst in führenden Positionen der Scientology tätig, berichtet von Spannungen zwischen den beiden inneren Machtzentren Sea Org und Guardian Office, vor allem zwischen ei Person namens **Pat Broeker** und **Mary Sue Hubbard.**[101] Der Name **Broeker** wird hier noch weitere Bedeutung bekommen. **Hubbard** scheute die Öffentlichkeit, sei es aufgrund seiner Krankheit, die sich mit den angeblichen Fähigkeiten eines „Operierenden Thetan" nicht in Einklang hätten bringen lassen, oder aus Angst vor Verhaftungen. Von 1976 bis 1978 soll er abwechselnd zwischen Astrow und Lucinta (Kalifornien), Sparks (Nevada) und wieder Lucinta hin- und hergereist sein.

Nach der Aufdeckung der Spionagefälle des Guardian Office durch das FBI mußte offenbar die in die Sache maßgeblich verwickelte **Mary Sue Hubbard** ebenfalls einen rapiden Machtverlust hinnehmen. Macht definierte sich, das ist die Essenz der Aussagen ehemaliger Scientologen, in der Gruppe vor allem dadurch, wer wie und in welchem Umfang Kontakt mit **L. Ron Hubbard** hatte. **Mary Sue Hubbard,** die nun unter ständiger Überwachung des FBI leben mußte, konnte offenbar nun aus „Sicherheitsgründen" nicht mehr am gleichen Ort wie ihr Mann leben. So hat **L. Ron Hubbard** das gemeinsame Versteck verlassen. In seiner Begleitung befand sich unter anderem **Pat Broeker,** der als eine Art persönliche Ordonnanz im Wachdienst tätig gewesen sein soll.

Dieser **Pat Broeker** und seine Frau **Annie** wurden nun zunächst zu den bestimmenden Figuren in der Scientology. Die „New York Times" über die junge Garde: *„Die Mehrzahl dieser neuen Leute waren der Gruppe beigetreten, als sie 13 oder 14 Jahre alt waren, und sie haben nie ein anderes Leben als innerhalb der Scientology gekannt... Mit Ausnahme intensiver täglicher Unterweisung in den Schriften von Mr. Hubbard ... hatten die meisten von ihnen über die Grundschule hinaus keine richtige Schulbildung genossen. Die Mehrheit dieser Leute seien Mitglieder einer Gruppe mit der Bezeichnung ‚Commodore's Messenger Organization'* [Die Kurier-Organisation des „Kommodore" **Hubbard**]. *Dieser Name stamme noch aus der Zeit der 70er Jahre, als Mr. Hubbard die Kirche von einer 300-Fuß-Jacht ... aus leitete und sich selbst als ‚Commodore' bezeichnete. Einige Scientologen nahmen ihre Kinder mit an Bord, um sie dort täglich bei sich zu haben, und die älteren Kinder*

---

[100] OTC-Wien, Freie Zone, S. 49.
[101] OTC-Wien, Freie Zone, S. 50.

wurden als persönliche Ordonnanzen für Mr. Hubbard ausgewählt... Nicht lange nach dem Umzug in die neue Einrichtung der Mutterkirche in der Wüste ... zog sich Mr. Hubbard immer mehr in Abgeschlossenheit zurück und empfing für gewöhnlich nur noch die Mitglieder der Kurierorganisation, denen auch das Recht zugestanden wurde, Disziplinarmaßnahmen gegen ältere Kirchenmitglieder zu verhängen. [102]

Im September 1978 soll **Hubbard** erneut schwer erkrankt sein.[103] Mit Hilfe eines ranghohen Scientologen namens **David Mayo** soll er wieder auf die Beine gekommen sein. Um welche Art von Krankheit es sich handelte, konnte nicht rekonstruiert werden, Vermutungen reichen vom Gehirnschlag bis zum Herzinfarkt. Allerdings wurde im Dezember 1978 von seiten **Hubbards** verkündet, daß 1978 das „Jahr der technischen Durchbrüche" gewesen sei. So wird die sogenannte „Neue Ära Dianetik" (NED) bekanntgegeben, die angeblich die Fähigkeitsstufen der Scientology für den einzelnen schneller erreichbar macht.[104]

Im März 1979 soll **Hubbard** dann in ein Appartment in Hemmet/Kalifornien gezogen sein. Am 8. Mai 1979 wurde „auf Verlangen der Vorstände der Scientology-Kirchen" von **L. Ron Hubbard** eine sogenannte „Executive Directive" ausgegeben. Darin heißt es: *„Betrifft: ERHÖHUNG DER BUCHPREISE... Vom 1. Juni 1979 an werden die Preise aller Dianetik- und Scientology-Bücher, Kurs-Packs und anderer Materialien, einschließlich E-Meter, monatlich um 10 Prozent steigen, wirksam um Mitternacht eines jeden Monats, am letzten Tag des vorangegangenen Monats."* [105]

Innerhalb kürzester Zeit schnellten die Preise bei den Scien-

Junge Garde an die Macht

tologen in die Höhe. Um die Kurse bezahlen zu können, mußte noch härter gearbeitet werden. Dann wurde die Situation dramatisch. Die Machtübernahme einiger junger Scientologen nahm konkrete Züge an. Daß es dazu kommen konnte, hatte vor allem zwei Ursachen. Es ist wohl eine Ironie des Schicksals, daß einerseits staatliche Stellen einen entscheidenden Anteil an dieser Entwicklung hatten. Andererseits wäre ohne den Aufbau der Scientology-Organisation mit ihrer zentral auf **L. Ron Hubbard** abgestimmten Machthierarchie dieser putschähnliche Umsturz nicht möglich gewesen. Durch die offiziellen Untersu-

---

[102] „New York Times", 6. Januar 1983.

[103] OTC-Wien, Freie Zone, S. 50.

[104] L. Ron Hubbard: „Ron's Journal 30", 17. Dezember 1978.

[105] L. Ron Hubbard: „Exexcutive Directive" vom 8. Mai 1979, in Beilage für „The Auditor" 157.

chungen und Anklagen wurde es, wie oben schon erwähnt, aus Sicht der Scientologen notwendig, **Hubbard** weitestgehend zu verstecken.

Im Februar 1980 stand ein wichtiger Gerichtsfall in Tampa (Florida) gegen **L. Ron Hubbard** bevor. Das OTC-Wien berichtet: *„Hubbard sowie Pat und Annie Broeker, zwei gerade entbehrliche Mitglieder der Commodores Messengers Org, verlassen Hemmet in unbekannte Richtung aus Sicherheitsgründen. LRH wird seither nicht mehr gesehen."* [106]

Neben **Pat Broeker** kam nun noch eine weitere Person ins Spiel. **David Miscavige** wurde nach Angaben der Freien Zone 1981 zum Projektleiter einer Organisation, die sich mit der Abwehr von 35 Haftpflichtprozessen gegen die Scientology-„Kirche" befaßte. [107] Im Sommer 1981 soll **Miscavige,** der sich mit **Broeker** zusammentat, beschlossen haben, das Guardian Office der Scientology „zu eliminieren". [108] Dies geschah dann angeblich wenig später. [109] Heute wird die Tätigkeit des Guardian Office offensichtlich durch das „Office of special affairs" – kurz OSA – ausgeübt. [110]

Warenzeichen Hubbard

Der wohl entscheidende Durchbruch zur Machtübernahme war die Gründung des „Religious Technology Center" (RTC) im Januar 1982. [111] Neben dem Machtmittel des persönlichen Zugangs zu **Hubbard** gab es noch ein weiteres wesentliches Instrument zur Beherrschung der Scientology: die Lizenzen für den Gebrauch der Warenzeichen und die Urheberrechte der Scientology. Diese wanderten durch einen Vertrag, der die Unterschrift **Hubbards** trägt, in den Besitz des RTC. Die *„zentrale Figur in dieser neuen Firma ist David Miscavige, der den Lizenzträgern mitteilte, daß Mr. Hubbard der neuen Firma die Exklusiv-Rechte auf die Scientology-Warenzeichen und das Copyright an seinen Büchern übertragen habe".* [112] Allerdings wird gerade von der „Freien Zone" die Echtheit dieser Unterschrift in Zweifel gezogen. Mit „Lizenzträgern" waren im übrigen alle Unternehmen gemeint, die mit dem Verkauf von **Hubbards** Ideen, Schriften und Kursen beschäftigt waren, also die Scientology-„Kirchen" oder -Missionen und deren Unterorganisationen weltweit.

[106] OTC-Wien, Freie Zone, S. 72.
[107] OTC-Wien, Freie Zone, S. 52.
[108] ebenda.
[109] ebenda.
[110] OTC-Wien, Freie Zone, Bd. 2, S. 165.
[111] „New York Times", 6. Januar 1983.
[112] ebenda.

Mit der Gründung des RTC war die Machtübernahme der jungen Garde geglückt. Und dennoch stand sie auf tönernen Füßen. Denn solange **Hubbard** noch am Leben war, hätte er die von ihm angeblich gewünschte Übergabe der „Kirche" in die Hände der jungen Machthaber wieder rückgängig machen können. Zweiflern, die den Vorwurf der Fälschung erhoben, wurde eine besondere Behandlung zuteil: *„Die neuen Bosse leiteten umgehend eine der üblichen Säuberungsaktionen ein. Der fielen diesmal auch Führungskräfte in den USA und der Bundesrepublik zum Opfer."* [113] Aus dieser Gruppe der entlassenen Scientologen bildete sich dann die „Freie Zone", aus deren Schriften hier die Vorgänge rekonstruiert wurden.

In den folgenden Jahren kam es immer wieder zu Versuchen, die Machtbasis der neuen Scientology-Führung anzugreifen. Die Scientologen wurden mit Prozessen überzogen. Einer der wichtigsten davon war ein Verfahren, das der Sohn **L. Ron Hubbards** einleitete. **L. Ron Hubbard junior** wollte feststellen lassen, ob sein Vater überhaupt noch lebe, da von ihm seit Jahren jede Spur fehle.

In der Bundesrepublik Deutschland mußten die Scientologen ebenfalls Rückschläge hinnehmen. So wurde ihnen in Düsseldorf der Eintrag in das Vereinsregister verwehrt. Nach jahrelangen Prozessen urteilte schließlich das Oberlandesgericht Düsseldorf am 12. August 1983:

„Das Landgericht ist deshalb zu Recht davon ausgegangen, daß bei der Betätigung der Scientology im Rahmen des College und beim Auditing die Verbreitung des Ideenguts untrennbar mit dem finanziellen Erfolg der Organisation verbunden ist... Ein derartiger Verein entspricht zwar nicht einem der in Rechtssprechung und Literatur entwickelten Typen des Wirtschaftsvereins, muß ihnen aber mit Rücksicht auf die wesentlich wirtschaftliche Zielsetzung, die in organisierter Form geschäftsmäßig verfolgt wird, nach Meinung des Senats zugerechnet werden." [114]

Im Mai 1984 wollten die Scientologen in München einen „Tag der offenen Tür" abhalten. Statt dessen kam es zu einer Großrazzia der Polizei. Daraufhin versuchten Scientologen, mit Hilfe eines angeheuerten Detektivs belastendes Material gegen den damaligen Kreisverwaltungsreferenten **Peter Gauweiler** zu finden. Die Sache flog aber auf.

Am 19. Januar 1986 erschien die Flag-Order 3879 der Sea Org. Ihr Titel: „Die See-Organisation und die Zukunft". Der Wortlaut: *„Ich, LRH, Kommodore, nehme hiermit den Rang ADMIRAL ein. Der Rang des KOMMODORE wird derzeit in der See-Organisation AUS DEM AKTIVEN DIENST ZURÜCKGEZOGEN...*

---

[113] AGPF: „Informationen destruktive Kulte" Nr. 2/86 vom 25. Juli 1986.
[114] OLG Düsseldorf, Az. 3 W 268/82 vom 12. August 1983.

Ein neuer Rang, LOYALER OFFIZIER, wird direkt über dem Rang Kapitän geschaffen. Pat Broeker wird hiermit in den Rang des ersten LOYALEN OFFIZIERS befördert. Annie Broeker wird hiermit als der zweite LOYALE OFFIZIER befördert... Haltet die Form der S. O. aufrecht! Ihr steht jetzt Wache!... Wir werden uns später wieder treffen. L. Ron Hubbard, Admiral." [115]

Mysteröser Tod

Fünf Tage später wurde L. Ron Hubbard von der Führungsspitze der Scientology für tot erklärt. Er habe am 24. Januar 1986 seinen Körper, den er 74 Jahre, zehn Monate und elf Tage benutzt habe, „abgelegt". Bei einer offiziellen Zeremonie am 27. Januar 1986 in Los Angeles trat die neue Führungsschicht selbstbewußt auf: **David Miscavige, Pat Broeker, Guillaume Lesèvre** (er tritt die Nachfolge **Hubbards** als Briefbeantworter an), **Heber Jentzsch,** Präsident der Church of Scientology International, und **Vicky Aznaran.**

Die näheren Umstände von **Hubbards** Ableben bleiben mysteriös. Nachfolgend wird ein Bericht aus der „comm-line"[116] dokumentiert. Die Fragen, die er offen läßt, werden wohl nie mehr zu beantworten sein. Sie bleiben das Geheimnis der heutigen Führer:

„Hätte die Kirche in Zusammenhang mit dem Tod L. Ron Hubbards etwas zu verbergen gehabt, sie hätte die Ankündigung nicht besser machen können. Erst drei Tage nach dem angeblich erfolgten Tod wurde er nämlich der Öffentlichkeit bekanntgegeben, zu spät, um den bereits verbrannten Körper durch eine unabhängige Person, die LRH persönlich kannte, untersuchen zu lassen...

Am Montag, dem 27. Januar 1986, abends um 21.00 Uhr, gab die Spitze der Scientology-Kirche im Rahmen eines besonderen Anlasses in Los Angeles bekannt, L. Ron Hubbard sei am vorhergehenden Freitag gestorben. Was um diese Zeit geschah, beschrieb Ronnie D. Smith, Korrespondet von Press-Enterprise so: ‚Ein Schlaganfall beendet L. Ron Hubbards geheime Existenz am 24. Januar um 20.00 Uhr in seinem 500 000 Franken teuren Mobilhome...' Es gibt eine ganze Reihe von merkwürdigen bzw. zweifelhaften Ereignissen, seit L. Ron Hubbard Mitte 1982 zum letzten Mal eine persönliche Kommunikation von sich gab...

---

[115] L. Ron Hubbard: „Flag Order 3879", 19. Januar 1986, Hrsg. Church of Scientology AOSH EU & AF.

[116] Die Zeitschrift wurde von einem Ex-Scientologen herausgegeben, der sich zunächst der „Freien Zone" zurechnete, sich mittlerweile aber auch von dieser gelöst hat.

Anfang 1983 ,beweist' die Kirche mit Fingerabdrücken die Echtheit von Dokumenten. Diesmal geht es um eine Beglaubigung L. Ron Hubbards, daß er noch lebe, die von einem Gericht akzeptiert wird. Die Notwendigkeit, L. Ron Hubbard persönlich vor Gericht erscheinen zu lassen, wird damit umgangen. Wäre Ron Hubbard nicht erschienen, hätte er für tot erklärt werden müssen...

Die Unterschrift unter dem Vertrag, in dem ,Ron' dem RTC alle seine Rechte überträgt, wird von verschiedenen Graphologen als ,mit an Sicherheit grenzender Wahrscheinlichkeit gefälscht' bezeichnet...

Der am 24. Januar gemeldete Tod L. Ron Hubbards kommt der Kirche außerordentlich gelegen. Ron war in eine Vielzahl von Prozessen verwickelt.

Während die Kirche der Behörde erklärte, L. Ron Hubbard sei an einem Schlaganfall gestorben, wurde dem Scientology-Publikum vom Management gesagt, Ron sei völlig selbstbestimmt aus dem Leben geschieden. Bei einem Schlaganfall werden infolge eines Berstens von Blutgefäßen im Gehirn wichtige Hirnfunktionen gelähmt. Der Schlaganfall entspricht nicht dem Bild eines selbstbestimmten, friedlichen Todes.

Der Leichnam des am 25. Januar Kremierten wurde nur von Leuten als derjenige L. Ron Hubbards identifiziert, die entweder im Sold der Kirche standen oder L. Ron Hubbard nie kannten.

Wie schon eingangs erwähnt, will diese Zusammenstellung nicht einer bestimmten Version des Todes von Ron, der seit 1982 möglich ist und diskutiert wird, Vorschub leisten. Die obigen Angaben sollen vielmehr zeigen, daß die Glaubwürdigkeit der Kirchendarstellung nicht weit her ist und dem einzelnen durchaus Raum läßt, zu glauben, was ihm real ist." [117]

Tatsache aber war, daß nach dem Tode **Hubbards** der Machtkampf um die künftige Führung der Scientology längst nicht beendet war. Nun kam es offensichtlich zwischen den **Broekers** und **David Miscavige** zu Auseinandersetzungen, an deren Ende sich **Miscavige** durchsetzte. Er führt heute de facto die Scientology. 1989 wurde in der spanischen Presse berichtet, daß **Miscavige** „seit Monaten **Pat** und **Annie Broeker** unter Arrest" halte. Sie sollen sich zu diesem Zeitpunkt auf dem abgeschirmten Scientology-Grundstück in Gilman Hot Springs/Kalifornien befunden haben, „bewacht von bewaffneten Aufsehern". Seither ist in der deutschsprachigen Presse über ihr Schicksal nicht mehr berichtet worden.

Die zweite Hälfte der achtziger Jahre sollte unter der Führung **Miscaviges** eine bis zu diesem Zeitpunkt noch nicht zu verzeichnende Expansion von Scientolo-

---

[117] „comm-line" 3/86.

gy bringen. In aller Welt wurden neue Zentren errichtet. **Miscavige,** der bei der kalten Machtübernahme 1983 gerade 22 Jahre alt war, führte den Scientology-Konzern zu neuen Umsatzrekorden. Einige der ehemaligen Spitzenfunktionäre, die der Säuberungsaktion 1983 zum Opfer gefallen waren, erhielten beträchtliche finanzielle

Expansion um jeden Preis

Abfindungen. Ihre Aufklärungsarbeit erlahmte daraufhin.

Gleichzeitig unternahm Scientology verstärkt den Versuch, in Wirtschaft und Gesellschaft einzudringen. Nach Erkenntnissen von Kritikern liegt dieser Entwicklung das Konzept **Miscaviges** zugrunde, *„Hubbards Sternenkriege zurück auf die Erde zu holen. Die OTs werden nun nicht mehr für den intergalaktischen Kampf gegen Xenu ausgebildet, sondern für den Marsch durch die irdischen Institutionen."* [118] Wesentliche Säulen dieser Strategie sind „WISE – World Institute of Scientology Enterprises" und „ABLE – Association for Better Living and Education". Offiziell soll WISE „Ethik in die Geschäftswelt bringen". Da „Ethik" bei Scientology die Zielsetzung hat, „Fremdabsichten aus der Umwelt zu entfernen", heißt dies übersetzt, daß WISE für die Verbreitung der **Hubbard**schen Ideologie in der Wirtschaft zuständig ist. Durch Recherchen wurde bekannt, daß auch in Deutschland eine Reihe von WISE-Firmen tätig sind. Dies vor allem im Bereich des Management-Trainings, der Personalberatung, im Immobiliengeschäft und in der Computerbranche.

ABLE ist dagegen zuständig für gesellschaftspolitische Aktivitäten, etwa im Bereich Erziehung und „Drogenrehabilitation". *„Im August 1991 veröffentlichte Captain David Miscavige, Chef des RTC und Scientology International, ein umfangreiches Strategiepapier für die neunziger Jahre. Seine Ausführungen und Ankündigungen zu ABLE machen deutlich, daß man ... Kinder und Jugendliche ... als gesonderte Zielgruppe im gesamtgesellschaftlichen Kontext betrachtet... Scientologen auf der ganzen Welt werden also aufgefordert, die Technologie von L. Ron Hubbard in die Schulen und Kindergärten zu tragen."* [119]

Mit dem Fall der Berliner Mauer erschloß sich auch für Scientology ein neuer Markt im Osten. Hier wurden Scientologen vor allem im Immobiliengeschäft aktiv. Von Deutschland aus wurde ferner die Ausdehnung auf die Staaten des ehemaligen Ostblocks betrieben. Mittlerweile war die Politik auf Scientology aufmerksam geworden. Die Jugendorganisationen der beiden Volksparteien CDU und SPD, Junge Union und Jungsozialisten, griffen schon zu Beginn der

---

[118] Norbert J. Potthoff: „Scientology Analyse. Material für Unterricht, Schulung und Vorträge", Krefeld 1993, S. 94.

[119] Potthoff, Analyse, S. 103.

achtziger Jahre umfassend die Problematik Scientology auf. Dies führte im Fall der CDU zu einem „Unvereinbarkeitsbeschluß". Sie beschloß 1991 auf ihrem Dresdener Parteitag, daß eine Scientology-Mitgliedschaft unvereinbar mit den Grundsätzen der CDU sei. Auch die Länderjustiz- und -innenminister beschäftigen sich mit Scientology. Bemerkenswerte politische Gegenwehr erfährt Scientology in Hamburg. Parlamentsanhörungen und Anfragen an den Senat gipfeln in der Einrichtung einer „Arbeitsgruppe Scientology" bei der Hamburger Innenbehörde. Ihre Leiterin **Ursula Caberta** war bereits zuvor von Scientology zur Unperson erklärt worden.

Gerichtlich wurde Scientology zudem als Gewerbebetrieb eingestuft. Von Bedeutung sind dabei zwei – bei Drucklegung dieser Auflage noch nicht rechtskräftige – Entscheidungen des Hamburgischen Oberverwaltungsgerichtes vom Juli 1993.[120] Nach diesen Urteilen ist die Scientology in Hamburg verpflichtet, den Verkauf von Büchern, Broschüren, „E-Metern" und die „entgeltliche Durchführung von Kursen und Seminaren" als Gewerbe anzumelden. In einem Urteil führt das Gericht aus: *„Tritt eine Religionsgemeinschaft in der Art und Weise wie der Kläger [Scientology] in der Absicht der Gewinnerzielung auf Dauer durch Werbung und Verkauf von Waren und Dienstleistungen in Konkurrenz zu anderen, insbesondere zu nicht religionsgebundenen Gewerbeunternehmen und sind diese Tätigkeiten – wie beim Kläger – in den Augen des Verkehrs auch nach ihrem Gesamtbild als gewerblich einzustufen, so unterliegt die Religionsgemeinschaft insoweit den für alle Gewerbetreibenden geltenden staatlichen Gesetzen. Dies gilt jedenfalls für die Pflicht zur Gewerbeanzeige..."*

In den USA hingegen wird dem Scientology-Konzern für Teile seiner Organisationen Steuerfreiheit zuerkannt, da laut Steuerbehörde nicht zu beweisen war, daß sich die Führungsspitze der Scientology persönlich bereichert habe. In der dortigen Fachpresse wurde dies als Niederlage für die Steuerbehörde bewertet. Dabei wurde allerdings bekannt, daß die Organisation allein 1987/88 rund 30 Millionen Dollar für Prozeßkosten ausgab. Aus den Steuerunterlagen ging ferner hervor, daß eine Reihe von Personen hohe Kommissionen – bis zu 400 000 Dollar – für die von ihnen zugunsten Scientologys erworbenen Gelder kassierten. **David Miscavige** scheint Scientology als Familienversorgungsunternehmen zu betrachten, denn neben seiner Frau bezogen auch sein Vater, seine Stiefmutter, sein Bruder und seine Schwägerin Einkommen von Scientology. Mit dieser Entscheidung wollen die Scientologen nun weltweit mit Nachdruck an ihrem Image arbeiten und als Religionsgemeinschaft anerkannt werden.

---

[120] AZ OVG Bf VI 12/91 und OVG Bf VI 2/92.

L. Ron Hubbard

David Miscavige

Scientology-Zentrale Hamburg

IDEOLOGIE UND METHODEN

Um die Lehre der Scientology vollends zu verstehen, benötigte man eigentlich umfangreiche Kenntnis der Science-fiction-Literatur, der Riten und Ziele satanischer Magie, der **Freud**schen Psychoanalyse, der **Jung**schen Archetypus-Theorie, der Semantik des Sprachphilosophen **Alfred Habdank Korzybski**, dazu Wissen über die Theorien bekannter und weniger bekannter Philosophen, östlicher Religionsstifter und Psychologen. Denn **Hubbard** hat sich schamlos bei allen wie in einem Steinbruch bedient, um seine Lehre der Scientology zusammenzuschreiben.

Kritiker sehen in **Hubbards** Lehrgebäude ein Wahnsystem, dessen Gefährlichkeit sich aus der praktischen, indoktrinierenden Anwendung ergibt. Dabei haben Wahnsysteme die Eigenschaft, durchaus plausibel oder in sich stimmig zu sein. Dennoch bleiben es Wahnsysteme. Auch **Hubbard** selbst weist auf die Gefährlichkeit seiner Ideologie hin: *„Wir haben dich lieber tot als unfähig.”* [121] Es ist praktisch unmöglich, das **Hubbard**sche Denkgebäude in vollem Umfang darzustellen. Nicht nur, weil es in seinen Tausenden Verästelungen einfach zu umfassend ist, sondern auch weil es in vielen Teilen unlogisch und widersprüchlich, ja absurd ist. Auf den nachfolgenden Seiten soll dennoch der Versuch unternommen werden, die scientologischen Theorien in einer allgemeinverständlichen Weise auf der Basis öffentlich zugänglicher Quellen zu erklären. Zugängliche Quellen sind dabei die Bücher **Hubbards** und die Aussagen ehemaliger Scientologen.

Weiter erschwert wird die Darstellung der Lehre der Scientology durch den fast unerträglichen Wortschöpfungs- und Abkürzungszwang **Hubbards.** Er erfand und „redefinierte” Begriffe und gab ihnen eine neue Bedeutung. So hat Scientology eine eigene Sprache entwickelt, die vom Außenstehenden nicht verstanden werden kann. Dies ist durchaus beabsichtigt. So weit wie möglich soll hier auf die scientologischen Kunstwörter verzichtet werden. Wo dies nicht möglich ist, werden sie erläutert.

Grundsätzlich sind beim „Hubbardismus”[122] zwei Dinge zu trennen: Scientology hat eine theoretische und eine praktische Basis. Man kann dies als Ideologie und Methode oder als Heilslehre und Heilstechnik bezeichnen. Beides geht

---

[121] L. Ron Hubbard: HCO-Richtlinienbrief vom 7. Februar 1965.

[122] Der 1991 verstorbene Scientology-Kritiker Pfarrer Friedrich-Wilhelm Haack benutzte diesen Ausdruck.

Hand in Hand. Die Erkenntnisse über das Ausmaß der scientologischen Ideologie erfährt der Neuling erst Schritt für Schritt im Maße seiner Einführung in die Heiltstechnik. Das Ganze baut sich als von **Hubbard** sogenannte „Brücke" zur „totalen Freiheit" auf. Stufe für Stufe muß man den Weg der Heilstechnik gehen, um die „Wahrheiten" der Scientology zu erkennen. Für Scientology ist es deshalb undenkbar, die „Erkenntnisse" höherer Wissensstufen dem nicht Eingeweihten oder Außenstehenden zu offenbaren.

Heilslehre und Heilstechnik

„Scientology" und „Dianetik" sind die beiden magischen Begriffe des **Hubbardismus**. Welche Bedeutung sie haben, erklärt die Bewegung in einer Werbebroschüre wie folgt: *„Scientology (lateinisch SCIO ‚Wissen – im wahrsten Sinne des Wortes' und griechisch LOGOS ‚Lehre von', also wörtlich ‚Lehre vom Wissen') befaßt sich mit dem Studium des menschlichen Geistes in seiner Beziehung zu sich selbst, zum Universum und zu anderem Leben."* [123]

Dianetik wird erklärt als *„die Lehre vom geistigen Wesen in seiner Beziehung zum Körper. Sie beinhaltet ein System der Analyse und Entwicklung menschlicher Denkfähigkeit und Methode zur Erhöhung von Fähigkeiten und Vernunft".* [124] Im wesentlichen könnte man formulieren, daß Scientology die Heilslehre verkörpert, der von **Hubbard** ein religiöser Charakter zugeschrieben wird, während Dianetik die Heilstechnik ist, mit deren Hilfe die Ziele der Scientology erreicht werden sollen.

Am Beginn von **Hubbards** Bewegung stand das Buch „Dianetik". Auf rund 500 Seiten wird darin die Theorie vertreten, daß der Großteil aller Probleme, Krankheiten und Schmerzen, die der Mensch hat, durch geistige Störungen hervorgerufen wird. Dabei preist **Hubbard** mit „Dianetik" eine Art „psychotherapeutisches" Verfahren an, mit dem er diese beseitigen könne. Erst später liefert **Hubbard** eine umfassende Lehre als Grundlage der Dianetik nach. Er schreibt sie nieder in 194 sogenannten „Axiomen". Dies sind laut Scientology-Wörterbuch *„Betrachtungen, über die Übereinstimmung besteht".* [125] Für **Hubbard** ist dies eine einfache Lösung, denn so bedürfen die Grundlagen seiner Lehre nicht des Beweises. Bei allen Einschränkungen, auf die hier nicht näher eingegangen werden kann, stellen die „Axiome" die grundlegenden Wahrheiten der Scientology dar.

---

[123] Scientology-Kirche Deutschland, Die Scientology, S. 6.
[124] Scientology-Kirche Deutschland, Die Scientology, S. 8.
[125] L. Ron Hubbard: „Fachwortsammlung für Dianetics und Scientology", Kopenhagen 1977, S. 11.

Wer sich auf die scientologische Ideologie einlassen will, muß sich zunächst von den grundlegenden Erkenntnissen der Menschheit verabschieden. Denn **Hubbard** stellt sich gegen die elementaren Erkenntnisse der Wissenschaften, etwa der Physik, indem er behauptet: Aus-schließlich Gedanken sind die Quelle des

> # Was ich denke, bin ich

Lebens. Demnach verdanken alle physischen und psychischen Erscheinungsformen ihre Existenz Vorstellungen oder Einbildungen. Um die Dramatik dieser scientologischen Grundannahme zu verstehen, hier ein kleines Beispiel: Eine Goldmünze, die vor uns auf dem Tisch liegt, existiert demnach nur, weil wir uns vorstellen, daß es diese Goldmünze gibt. Ja sie wird erst dadurch erschaffen, weil wir oder irgend jemand anders oder alle zusammen sie sich vorgestellt haben. Hätten wir hingegen gedacht, daß die Goldmünze ein Schokoladentaler sei, so läge vor uns eben ein Schokoladentaler.

Scientology bestreit nicht, daß die uns bekannte Welt als „physikalisches Universum" existiert. Geschaffen wird es aber durch die Macht der Gedanken. **Hubbard** fand für unser physikalisches Universum das Wort „MEST". „MEST" ist die Abkürzung für die Worte „Matter, Energy, Space, Time" (Materie, Energie, Raum, Zeit). Bleiben wir bei dem Beispiel der vor uns auf dem Tisch liegenden Goldmünze. Die Goldmünze existiert und ist deshalb physischer „MEST". Aber wie ist sie entstanden? Woher kommt sie? Schließen wir die Augen und machen uns im Geist ein Bild von der Münze. **Hubbard** erklärt nun, daß bei diesem Vorgang „mentale" sprich „geistige Energie" entsteht, die sich zu „geistiger Materie" verdichtet. Machen wir die Augen wieder auf, existiert die Münze zweimal: Als physisches „MEST" auf dem Tisch und als geistige Materie in unserem Gedächtnis. Geistige Ausdrucksbilder und ihre Auswirkungen auf unsere „Seele" spielen eine entscheidende Rolle in **Hubbards** Lehrgebäude.

Hubbard liefert auf diesen Grundgedanken fußend auch eine neue Definition von Lebewesen: *„Ein lebendiger Organismus setzt sich aus Materie und Energie in Raum und Zeit zusammen und ist von Theta belebt."* [126] „Theta" ist eine eigene Energie die die eigentliche schöpferische Kraft ausdrückt.

Der Mensch ist nun nach **Hubbard** ebenfalls mit diesem „Theta" belebt. Allerdings geht die „Theta-Energie" von einem Wesen im Menschen aus, und dieses Wesen heißt wiederum „Thetan". Der „Thetan" sind wir selbst. Die Verfasser dieses Textes, der augenblickliche Leser dieser Zeilen, wir sind nicht Frau **X** oder Herr **Y**, wir sind – wenn wir **Hubbard** Glauben schenken – „Thetane"!

---

[126] Edition ScienTerra, Scientology, S. 31.

Laut Scientolgy leitet sich der Begriff „Thetan" aus dem griechischen Buchstaben „theta" ab, der „Geist" und „Gedanke" symbolisieren soll. Dazu gesellt sich noch die Variable „n", die in der Mathematik bei Potenzen gebraucht wird. Für Scientology ist es das Symbol für Unendlichkeit. Mit anderen Worten: „Theta"" bedeutet unbegrenzter, unendlicher Geist. Um der nichtscientologischen Öffentlichkeit den „Thetan" leichter verständlich zu machen, nennt **Hubbard** ihn auch „Seele".

„Thetan", zeige dich!

Dieser grenzenlose „Thetan" hat laut Scientology ebenso unbegrenzte Eigenschaften: *„Er besitzt keine Masse, keine Wellenlänge, keine Energie und keine Position im Raum. Er kann jedoch aufgrund seiner Betrachtungen im Besitz dieser Eigenschaften sein. Der Thetan ist also nichts Gegenständliches. Er ist der Erschaffer von Gegenständlichem."* [127] Der „Thetan" kann, um in unserem Beispiel zu bleiben, etwa Goldmünzen erschaffen, als materiellen Gegenstand oder als geistiges Bild. Und nicht nur Goldmünzen, ganze Universen kann ein „Thetan" kreieren. Folglich schlummern in jedem Menschen – so **Hubbard** – unbegrenzte, ja göttliche Fähigkeiten. Eine dagegen bescheidene, aber nicht unwichtige Fähigkeit des „Thetan" ist es, den menschlichen Körper zu verlassen: *„Der Thetan kann, ohne daß dadurch der Körper stirbt und ohne daß dadurch Geistesstörungen hervorgerufen werden, sich willentlich ... vom Körper exteriorisieren."* [128] Noch wichtiger ist allerdings die Eigenschaft des „Thetan", unsterblich zu sein. Da ja nach **Hubbards** Lehre tatsächlich alle Menschen „Thetane" sind, ist die ganze Menschheit eigentlich unsterblich – sie weiß es nur nicht.

Insgesamt setzt sich der Mensch laut Scientology aus drei verschiedenen Teilen zusammen: *„Der erste Teil ist das geistige Wesen, das in der Scientology Thetan genannt wird. Der zweite Teil ist der Mind. Der dritte Teil ist der Körper."* [129] Dem von **Hubbard** so genannten „Thetan" kommt dabei – wie oben schon angedeutet – die entscheidende Bedeutung zu. So wie es Milliarden von Menschen gibt, gibt es Milliarden von „Thetanen", und alle zusammen spielen das Spiel des Lebens.

Der „Thetan" nutzt nun den menschlichen Geist (mind), *„um mit seiner Umwelt zurechtzukommen."* [130] Dieser „mind" teilt sich wiederum in verschiedene Teile:

---

[127] L. Ron Hubbard: „Scientology: Die Grundlagen des Denkens", Kopenhagen, Ausgabe 1973, S. 37.

[128] Hubbard, Grundlagen, Ausgabe 1973, S. 36.

[129] L. Ron Hubbard: „Scientology, Die Grundlagen des Denkens", Kopenhagen, Ausgabe 1983, S. 63.

Den „analytischen Teil" und den „reaktiven Teil". Dazu kommt noch die „Genetische Entität", die **Hubbard** anfangs „somatisches Reflexsystem" nannte. Alle diese Bezeichnungen sind **Hubbardistische** Kunstworte und werden im folgenden erklärt.

Erläutern wir zuerst den „analytischen Verstand".

Labyrinth im Kopf

Nach scientologischem Kauderwelsch zitiert, leistet der analytische Verstand folgendes: Er „*kombiniert Wahrnehmungen der unmittelbaren Umwelt und der Vergangenheit anhand von mentalen Eindrucksbildern unter Einschätzungen der Zukunft zu Schlußfolgerungen, die auf der Realität von Situationen beruhen.*" [131] Etwas einfacher beschreibt es die „Fachwörtersammlung der Scientology": „*Im wesentlichen wäre dies der bewußte Verstand im Gegensatz zum unbewußten Verstand.*" [132] Dies ist in **Hubbards** Lehrgebäude der „gute Teil" des menschlichen Geistes.

Kommen wir nun zum „schlechten" Teil. Dies ist der „reaktive Teil des Denksystems" – wie **Hubbard** zu definieren pflegte. Und, schenkt man seinen Ideen Glauben, so war es ein hartes Stück Arbeit, diesen Übeltäter zu (er-)finden: „*Die Detektivarbeit, die geleistet wurde, um diesen Erzverbrecher der menschlichen Psyche zu lokalisieren, beanspruchte viele Jahre.*" [133] Und weiter: „*Wenn es je einen Teufel gegeben hat, so erfand er den reaktiven Verstand.*" [134] Dieser „unbewußte" Verstand einer Person „*steht nicht unter der willensmäßigen Kontrolle des Menschen und übt Macht und Befehlsgewalt über sein Bewußtsein, seine Ziele, seine Gedanken, seinen Körper und seine Handlungen aus.*" [135]

Hubbard klagt den „reaktiven Verstand" an: „*Er nimmt den Menschen das musikalische Gehör. Er bringt die Menschen zum Stottern. Er bewirkt das, was man auf jeder Liste geistiger Leiden finden kann: Psychosen, Neurosen, Zwänge, Verdrängung... Was kann er tun? Er kann Arthritis, Bursitis, Asthma, Allergien, Sinusitis, Koronarerkrankungen und hohen Blutdruck verursachen und so weiter durch den ganzen Katalog der psychosomatischen Krankheiten.*" [136] Mit anderen Worten: Ein übler Geselle, dem es das Handwerk zu legen gilt.

[130] Hubbard, Grundlagen, Ausgabe 1973, S. 38.

[131] Hubbard, Grundlagen, Ausgabe 1973, S. 39.

[132] Hubbard, Fachwortsammlung, S. 4.

[133] L. Ron Hubbard: „Dianetik. Die moderne Wissenschaft der geistigen Gesundheit", Kopenhagen 1981, S. 65.

[134] ebenda.

[135] Hubbard, Fachwortsammlung, S. 76.

[136] Hubbard, Dianetik, S. 66.

Die Ursache für die negativen Wirkungen des „reaktiven Verstandes" liegt darin, daß er ausschließlich aus negativen Erinnerungen besteht. Hier ist die Zeit, eine weitere Vokabel aus der Scientology-Sprache einzuführen. Es sind die sogenannten „Engramme".

Horrorvideos des Verstandes

Der Begriff – der auch in der Schulpsychologie verwendet wird, allerdings mit anderer Bedeutung – ist bei **Hubbard** *„ein geistiges Vorstellungsbild, welches eine Aufzeichnung einer Zeit von physischem Schmerz und Bewußtlosigkeit ist".* [137]

Um konsequent bei unserem Beispiel der Goldmünze zu bleiben, könnte man das Entstehen von „Engrammen" wie folgt erklären: Während Sie auf die Goldmünze schauen, kommt ein Räuber und will sie stehlen. Sie wehren sich dagegen, kämpfen mit dem Räuber, der schlägt sie nieder, sie verlieren das Bewußtsein. Das Ergebnis: ein „Engramm". Wann immer Sie eine Goldmünze sehen, werden Sie sich an diesen unangenehmen Zwischenfall erinnern. Womit weitere Merkmale von „Engrammen" beschrieben sind. „Engramme" sind laut **Hubbard** komplette Aufzeichnungen eines schmerzvollen Geschehnisses, eine geistige Videoaufzeichnung. Sie besteht aus geistigen Bildern, von denen einige erinnerbar und andere unbewußt sind. Diese „Engramme" stören nun „Thetan" und seinen analytischen Geist und führen zu den oben aufgezählten negativen Begleitumständen menschlichen Daseins. Schon hier läßt sich erahnen, wo die scientologische Heiltechnik ansetzt: Die „Engramme" gilt es zu beseitigen!

Nun wäre noch die „Genetische Entität" (GE) – ein weiteres **Hubbard**-Kunstwort – zu beschreiben. Die „Genetische Entität" ist eine dem „Thetan" nicht unähnliche, eigenständige „Wesenheit". Allerdings befindet sich dieses geistige Wesen auf einer weit niedrigeren Stufe als der „Thetan". Nichtsdestotrotz hat jeder Mensch auch eine „GE". Das Hauptziel der GE ist es, den Körper bzw. sich selbst am Leben zu erhalten. Und da auch die GE unsterblich ist, hat sie Millionen von Jahren hinter sich. Von Anbeginn der Zeit bis heute trägt sie alle Eindrucksbilder der gesamten Evolution mit sich herum.

Dennoch hat die GE eine wichtige Funktion: Sie dient als eine Art Batterie, die den Körper mit Lebensenergie versorgt und steuert wie ein Computerprogramm die Funktionen des Körpers. Ohne die GE könnte der Körper nicht überleben, wenn der „Thetan" gerade nicht zu Hause – sprich im Menschen – ist. Die GE sorgt brav dafür, daß der Körper auch in Abwesenheit des „Thetan" in Gang bleibt. Die „Genetische Entität" speichert dabei alles, was den Körper selbst betrifft, etwa Verletzungen oder Tod. Übrigens: Erst nach dem Tod, wenn sich der „Thetan" längst aus dem Staub gemacht hat, verläßt auch die GE den Körper und sucht sich ein neues Opfer. Dabei kommt es höchst selten vor, daß sich alter „Thetan" und alte GE noch einmal in einem neuen Körper treffen.

Apropos „Körper": Ihn gilt es noch aus scientologischer Sicht zu beschreiben. **Hubbard** weiß darüber nur wenig Neues zu berichten. Deshalb empfiehlt er bei Rückfragen, Informationen über den Körper aus anatomischen Lehrbüchern zu entnehmen.[138] Daß genau diese anatomischen und medizinischen Lehrbücher über Ursache, Herkunft und Entstehung von Krankheiten ganz andere Aussagen treffen, scheint **Hubbard** dabei nicht zu kümmern. Allerdings ist natürlich aus Sicht **Hubbards** klar: *„Durch verschiedene Entdeckungen der Scientology konnten die biophysikalischen Rätsel gelöst werden."* [139]

Fassen wir noch einmal kurz die bisherigen scientologischen Ideen zusammen: Der Mensch besteht aus „Thetan", Mind, GE und Körper. Der „Thetan" hat unbegrenzte Fähigkeiten, der Mind teilt sich im wesentlichen in analytischen und reaktiven Verstand. „Thetan", analytischer Verstand und gesunder Körper allein ergeben eine perfekte Mischung, doch der Mensch ist bekanntlich weit entfernt davon, ein perfektes Wesen zu sein. Des Übels Wurzel sitzt nun einerseits in der doch nicht ganz unzulänglichen Konstruktion des „Thetan", der „Genetischen Entität" und dem „reaktiven Teil" des „mind".

Der „Thetan" ist nämlich im Leben „dem Verfall seines

Der vergeßliche „Thetan"

Bewußtseins und der Verminderung seiner Fähigkeiten ausgesetzt". [140] Dies ist – wie **Hubbard** treffend bemerkt – zunächst schwer zu verstehen. So aber, wie es diese Erklärung zu akzeptieren gilt, ist auch hinzunehmen, daß der „Thetan" aus diesem Bewußtseinsschwund wieder herausgeführt werden kann: *„Jeder kann das früher oder später durch die scientologischen Verfahren selbst herausfinden."* [141] Außerdem ist der „Thetan" nicht immer da, wo man ihn zunächst vermuten könnte, nämlich im Kopf. Normalerweise, so heißt es bei **Hubbard,** ist er dort oder zumindest in der Nähe des Körpers. Insgesamt aber kann er vier verschiedene Positionen einnehmen: *„Im ersten [Zustand] ist er völlig vom Körper oder von Körpern getrennt oder sogar von diesem Universum. Im zweiten Zu-*

[138] Hubbard, Grundlagen, Ausgabe 1973, S. 43.

[139] Hubbard, Grundlagen, Ausgabe 1973, S. 44.

[140] Hubbard, Grundlagen, Ausgabe 1973, S. 37.

[141] Hubbard, Grundlagen, Ausgabe 1983, S. 65.

stand ist er in der Nähe des Körpers und kontrolliert diesen wissentlich. Im dritten Zustand befindet er sich im Körper (Kopf). Der vierte ist ein umgekehrter Zustand, bei dem er gezwungenermaßen außerhalb des Körpers ist und nicht in ihn hineingelangen kann." [142]

Scientology gibt viele Ziele an, die sie verfolgt. Eines der wichtigen aber ist es, *„den Thetan zu ‚exteriorisieren' und ihn in den vorher erwähnten zweiten Zustand zu bringen, da man entdeckt hat, daß er in diesem Zustand glücklicher und fähiger ist".* [143] Mit anderen Worten: Scientology will die „Seele" aus unserem Körper bringen, damit wir beides besser unter Kontrolle haben.

Doch vor diesem Ziel ist noch der „reaktive Verstand". Für **Hubbard** ist der menschliche „mind" eigentlich ein perfekt funktionierender Computer, der präzise arbeiten würde, wäre da nicht der Störfaktor „Engramme" des „reaktiven Verstandes". Er und die Aufzeichnungen der „Genetischen Entität" sorgen dafür, daß sich der „Thetan" in vielen Situationen falsch verhält. Beides gilt es in den Griff zu bekommen, damit der „Thetan" seine ursprünglichen Fähigkeiten wiedererlangt. Dazu gibt es die Heilstechnik des „Auditing", die weiter unten beschrieben wird.

Ein „Thetan", der seine ursprünglichen Fähigkeiten – etwa konstant den Körper verlassen zu können – wiedererlangt hat, nennt **L. Ron Hubbard** einen „Operating Thetan". Er agiert nun als „Thetan", nicht mehr als Körper: *„Hubbard begann zwischen dem ‚Homo sapiens' und ‚Operating Thetan' zu unterscheiden. Ein Mensch, der sich auf der Stufe rein materieller Bewußtheit befindet, wäre ein Homo sapiens. Ein Operating Thetan oder OT hingegen wäre jemand, der sich seiner Unsterblichkeit, seiner geistigen Kräfte und seiner Fähigkeiten, damit umzugehen, bewußt ist und auf dieser Stufe leben und handeln kann."* [144] Das Ziel der Scientology ist es nun, möglichst viele OTs zu schaffen. Denn diese „Operierenden Thetane" werden dringend gebraucht, womit wir bei der nächsten, wohl wichtigsten Aufgabe der Scientology wären.

„Thetane" gibt es seit Anbeginn der Zeit. Noch bevor das „physikalische Universum" existierte, „lebten" schon „Thetane". **Hubbard** glaubt, daß die „Gesamtzeitspur" der Existenz von „Thetanen" *„mindestens 350 000 000 000 000 [350 Billionen] Jahre alt ist".* [145] Daraus ergeben sich mehrere Schlußfolgerungen. Die „Thetane" haben eine beträchtliche Zeit bis heute zurückgelegt, sie wanderten

---

[142] ebenda.

[143] Hubbard, Grundlagen, Ausgabe 1983, S. 66.

[144] Edition ScienTerra, Scientology, S. 41.

[145] Hubbard, Fachwortsammlung, S. 115.

von Körper zu Kör-

Auf in den Krieg!

per. Und da es die Er-
de vor dieser langen
Zeit noch nicht gab, müssen sie auch auf anderen Planten gewesen sein. Als frei
operierende „Thetane" wiederum können sie sich mit Gedankengeschwindigkeit
an jeden Platz des Universums begeben. Der Spielplatz der „Thetane" ist folglich nicht nur die Erde, nicht nur unsere heutige Zeit, sondern sind die uner-
meßlichen Weiten von Raum und Zeit.

Hubbard erzählt nun, daß vor Billionen von Jahren die „Thetane" ohne Körper
ausgestattet, sich die Zeit damit vertrieben, Bilder zu erschaffen. Zu diesen Spielen gehörte es auch, anderen „Thetanen" Bilder aufzuzwingen, die sie versklaven
oder in ihren Fähigkeiten beeinträchtigen sollten.

Was vor Billionen Jahren passierte, könnte natürlich noch heute passieren.
„Thetane" von anderen Sternen kommen auf die Erde, um die hier festsitzenden
„Thetane" zu unterdrücken. **Hubbard** kam schließlich zu der Überzeugung,
daß dem tatsächlich so sei. Fremde „Thetane" versuchten demnach, sein Werk
der Befreiung der Erden-„Thetane" zu verhindern. (Er glaubte, sie in den Kritikern und Gegnern der Scientology gefunden zu haben.) **Hubbard** ging nun daran, Truppen gegen diese Außerirdischen aufzustellen, eine Legion, die sich den
„Unterdrückern" entgegenwirft und in den intergalaktischen Krieg zieht. Es waren die „Operating Thetans".

In dieser Auseinandersetzung entdeckte **Hubbard** schließlich, daß die Erde eine
Falle für die hier lebenden „Thetane" ist. Dies beschreibt er in der Kursstufe
OT III. Die in „Vorfall 2" beschriebene Falle hat sich der große intergalaktische
Gegenspieler **Hubbards** ausgedacht. Sein Name ist „Xenu".

Xenu ist der Herrscher einer galaktischen Konföderation, die aus 21 Sonnen
und 76 Planeten bestand. Und dieser **Xenu** versuchte nun, alle Wesen seiner
Einflußsphäre unter seine Kontrolle zu bringen. Mit Gewalt, Drogen, elektri-
schen und elektronischen Mitteln pflanzte er ihnen seine Wünsche ein. Das alles
passierte vor rund 75 Millionen Jahren. Es gab damals ein hohes technische Ni-
veau, die Mode der damaligen Zeit entsprach der der zwanziger und dreißiger
Jahre unseres Jahrhunderts. Dummerweise gab es damals auch eine Überbevöl-
kerung. Dieses Problem löste **Xenu,** indem er Menschen in Massen mit Drogen
behandelte, tötete und – als „Thetane" – zur Erde brachte, die damals den Namen „Teegeack" hatte. Milliarden von „Thetanen" waren davon betroffen. Zu
allem Unheil stopfte er die armen „Thetane" auch noch in zwei Vulkane – einen
auf Las Palmas, einen auf Hawaii – und brachte darin zwei Wasserstoffbomben
zur Explosion. (So erklärt sich auch das Titelbild des Dianetik-Buches, auf dem

ein explodierender Vulkan zu sehen ist.) Die „Thetane" wurden daraufhin in den Himmel geschleudert, wo sie mit einem Flugzeug anschließend wieder auf die Erde gebracht wurden.

Xenus gemeine Falle

Die eigentliche Absicht der Xenuschen Falle bestand darin, die Erdbevölkerung dazu zu bringen, die technische Zivilisation von vor 75 Millionen Jahren nachzuahmen und mit Hilfe ihrer technisch so fortschrittlichen Mittel anschließend einen planetarischen Selbstmord zu begehen.

Xenu selbst wurde für diese böse Gemeinheit bestraft, indem er von gutmeinenden „Thetanen" seines Umfeldes festgenommen wurde und in eine elektrisch geladene Kiste eingesperrt wurde, die in einem Berg im Westen des nordamerikanischen Kontinents versteckt ist. Nach allem, was bekannt ist, befindet er sich dort noch heute. **Xenus** Getreue aber sind noch immer aktiv, und sie sind unter uns!

Der damalige Vorfall wirkt also bis heute nach. Die Entwicklung der Atombomben, kriegerische Auseinandersetzungen, Folter, Drogen, Mord, Gehirnwäsche, Elektroschock-Therapien, all das findet seinen Ursprung in **Xenus** Falle. Erst unter diesem Aspekt ist zu verstehen, was Scientology meint, wenn in Hochglanzbroschüren die Ziele der Bewegungen angegeben werden, die da sind:

„Der grundlegende Kampf des Menschen richtet sich nicht gegen den Menschen – das ist Irrsinn. Sein Kampf richtet sich hauptsächlich gegen jene Elemente, die ihn als Art unterdrücken und die seinen Drang nach höheren Zielen versperren." [146]

„Im Grunde genommen gibt es heute kein Wettrennen mehr zwischen den einzelnen Nationen. Das einzige entscheidende Wettrennen dieses Zeitalters findet zwischen der Scientology und der Atombombe statt. Die Zukunft der Menschheit hängt davon ab, wer dieses Wettrennen gewinnt." [147]

„Die Scientology möchte folgendes erreichen: eine Zivilisation ohne Wahnsinn, ohne Kriminalität und ohne Krieg, in der sich der Mensch entsprechend seiner Fähigkeit und seiner Rechtschaffenheit weiterentwickeln kann, eine Zivilisation, in der Menschen die Möglichkeit finden, sich zu höheren Ebenen zu entwickeln." [148]

[146] „Ursprung – Magazin der Scientology Kirche Bayerns e. V.", Nr. 177, S.4.
[147] Church of Scientology AOSH EU & AF (Hrsg.): „The Auditor", Nr. 206, 1985 (Scientology-Zeitschrift).
[148] Hubbard, Grundlagen, Ausgabe 1973, S. 84f.

So viel zu den ideologischen Grundlagen der Scientology. Kommen wir nun zu den Mitteln und Methoden, mit denen Scientology versucht, ihre Ziele zu erreichen.

Der Weg vom nichtsahnenden Menschen zum frei operierenden „Thetan" im intergalaktischen Krieg ist lang, zeitaufwendig und teuer. **Hubbard** nennt diesen Weg „Die Brücke in die totale Freiheit". Die „Brücke" reicht dabei von einem einführenden Persönlichkeitstest über ein „Reinigungsprogramm", niedrige Stufen der „Befreiung", Kommunikationskurse, Lehrgänge zum dianetischen Etappenziel „Clear" und „Solo-Auditing"-Kurse bis hinauf zum eigentlichen Ziel, den „Operating-Thetan"-Programmen.[149]

Bevor eine Person die „Brücke" der Scientology hinaufgehen kann, muß sie erst einmal erfahren, daß mit ihr etwas nicht in Ordnung ist. Denn laut Scientology-Lehre ist jeder Mensch – solange er nicht durch Scientology fähig gemacht wurde – „aberriert". Der Begriff „Aberration" ist ein Wort, dem man bei Scientology häufig begegnet. „Aberration" bedeutet im scientologischen Sinne ein *„Abweichen vom rationalen Denken oder Verhalten".*[150] Die Ursache solcher „Aberrationen" sind die oben schon beschriebenen „Engramme": *„Wer ist ein Aberrierter? Jeder, der ein oder mehrere Engramme hat. Und da die Geburt selbst eine ausgesprochen engrammatische Erfahrung ist, hat jedes geborene menschliche Wesen mindestens ein Engramm!"*[151] Mit anderen Worten: Jeder braucht Scientology, um sich von seinem irrationalen Denken und Handeln zu befreien.

Jeder braucht Scientology

Neben dem Verkauf von Dianetik-Büchern oder persönlicher Ansprache ist die wohl häufigste Methode der Scientology, ihre Kundschaft anzusprechen, der sogenannte „Persönlichkeitstest". Dieser Test hat übrigens viele Namen. So wird er gelegentlich als „Intelligenztest", oder, um wissenschaftliche Kompetenz vorzugaukeln, als „Oxford Kapazitätsanalyse" oder „Oxford Persönlichkeitstest" bezeichnet.

Meist wird er in „Missionen" oder „Kirchen" der Scientology angeboten, aber nicht nur dort.[152] Dabei sprechen Scientology-Mitarbeiter Passanten an, ob sie nicht einen „kostenlosen Persönlichkeitstest" machen wollten. Wer mit in das

---

[149] Die Bedeutung der Begriffe „Clear" und „Auditing" wird weiter unten geliefert.
[150] Hubbard, Fachwortsammlung, S. 1.
[151] L. Ron Hubbard: „Die Entwicklung einer Wissenschaft", Kopenhagen, 1972, S. 110.
[152] Siehe dazu Kapitel 4: „Organisation und Finanzierung", S. 84.

Lockvogel Persönlichkeitstest

jeweilige Zentrum geht, erhält einen Katalog von 200 Fragen präsentiert. Sie mögen teils primitiv, teils unverständlich, teils zusammenhanglos erscheinen, tatsächlich geben sie dennoch auf die wichtigsten Fragen, die für Scientology interessant sind, Antworten. Das Ergebnis steht für den Befragten ohnehin schon fest. Denn der ist ja laut Scientology-Lehre voller geistiger Störungen. Hier einige Beispiele aus dem Fragenkatalog:

„Frage Nr. 6: Haben Sie ab und zu ein Zucken in Ihren Muskeln, auch wenn nicht direkt ein Grund dafür vorhanden ist? Frage Nr. 29: Würden Sie lieber Anweisungen geben, als Befehle empfangen? Frage Nr. 46: Haben Sie laufend Schwierigkeiten? Frage Nr. 52: Würden Sie nur in der Hoffnung, die Raten einhalten zu können, auf Abzahlung kaufen? Frage Nr. 62: Erholen Sie sich schnell von schlechten Nachrichten? Frage Nr. 89: Gibt es bei Ihnen einige wunde Punkte, bei denen Sie sehr empfindlich sind? Frage Nr. 96: Würde ein Unvermögen, Ihre Schulden zu zahlen oder Versprechen zu halten, Sie übermäßig plagen? Frage Nr. 141: Denken Sie häufig über Ihre vergangenen Krankheiten oder schmerzlichen Erlebnisse nach? Frage Nr. 162: Würden Sie gerne in Ihrer Gegend eine neue Betätigung beginnen? Frage Nr. 166: Führt der Gedanke an Angst und Sorge bei Ihnen zu körperlichen Reaktionen? Frage Nr. 200: Sind Sie der Ansicht, daß Sie viele gute Freunde haben?"

Anhand dieser Auswahl ist unschwer zu erkennen, daß mit derlei Fragen die wichtigsten „Persönlichkeitsmerkmale" für die Scientology-„Kirche" abschätzbar werden: Wie steht der Befragte zu Geld, wie kann er sich unterordnen, ist er bereit, eine scientologische Erklärung für seinen Zustand anzunehmen, ist er in der Gesellschaft isoliert, sucht er nach neuen Betätigungsfeldern?

Nach diesem Persönlichkeitstest erfolgt eine Auswertung, die meist mündlich und vergleichsweise kurz ist. Oft wird dann auch versucht, dem Interessenten ein „Dianetik"-Buch zu verkaufen. Wichtig aber sind für die Befrager vor allem die Angaben nach Person und Adresse. Denn alsbald kommt die Flut der Werbebroschüren der Scientology frei Haus.

In der Regel folgt ein „Reinigungs-Rundown". Dabei werden die Interessierten zu mehreren Sauna-Gängen geschickt und erhalten zusätzlich einen Vitamin-Cocktail. Mit der Einschreibung in den nächsten Kurs – etwa der Kurs über „Objektive Prozesse"[153] – befindet man sich bereits auf der „Brücke".

Um diesen Weg weiter beschreiten zu können, stehen in Scientology im wesentlichen vier Methoden, sprich „Technologien" (oder auf scientologisch „Tech")

---

[153] Dieser befaßt sich mit Beobachten und Berühren von Gegenständen.

zur Verfügung. Dies sind erstens die „Studier-Technik", zweitens die „Admid-Tech (Administrations-Technik), drittens die „Ethik-Tech" und viertens das „Auditing".

Die erste Heilstech-nik, die „Studier-Tech", ist relativ

Techniken der Befreiung

schnell umschrieben. Sie soll den Scientologen dabei helfen, das umfassende Lehrgebäude **Hubbards** zu begreifen, aber auch im sonstigen Leben die Auffassungsgabe zu erleichtern und zu erhöhen. Der Inhalt dieser Technolgie läßt sich in wenigen Sätzen erklären. **Hubbard** war der Meinung, daß vor allem beim Lernen drei Dinge zu Problemen führen: nicht verstandene Wörter, übergangene Lernschritte und das Fehlen anschaulicher Beispiele. **Hubbard** gibt nun den Ratschlag, jedes unbekannte Wort nicht zu überlesen, sondern seine Bedeutung nachzuschlagen. Übergangene Lernschritte verhindert man, indem man in einem Text an die Stelle zurückgeht, wo etwas nicht mehr verstanden wurde. Und anschaulich wird ein Lehrstoff, indem man sich eine Zeichnung oder ein Knetmodell macht. Soweit die Studier-Tech.

Wesentliche Inhalte der Admid-Tech, die Anweisungen für Management und Organisationen beinhalten, werden in dem Kapitel „Organisation und Finanzierung" abgehandelt. Die „Ethik-Tech" ist die Grundlage des Kapitels „Umgang mit Kritik".

Hier wollen wir uns auf die wohl wichtigste Heilstechnik der Scientology konzentrieren, das sogenannte „Auditing". Benötigt wird es, um „Befreiung" von den störenden „Engrammen" und „Aberrationen" zu erhalten. Dabei gibt es verschiedene „Clear". Auch dieser Begriff hat im Laufe der Jahre verschiedene Inhalte gehabt. Heute heißt „Clear", daß der „Thetan" seinen eigenen „reaktiven Verstand" nicht mehr hat. Er kann also sein eigenes Überleben sichern.

Das Wort „Auditing" läßt sich von dem lateinischen Verb audire (hören, zuhören) ableiten. Am „Auditing"-Prozeß ist ein scientologischer „Auditor" und der Kunde oder, auf scientologisch, „Preclear" (der noch zu Klärende) beteiligt. Man trifft sich in einem ruhigen Raum, von der Außenwelt abgeschottet. Der „Preclear" wird nun darüber ausgefragt, welche Probleme er hat. Dies geschieht mit Hilfe des „E-Meters". *„Während des Auditings hält der Preclear zwei Metalldosen, eine in jeder Hand, die mit einem Elektrodenkabel verbunden sind. Die Skala und die Kontrolltafel des Instruments sind dem Auditor zugekehrt, gewöhnlich außerhalb des Blickfeldes der Person, die auditiert wird."* [154] Die Funktionsweise dieses Gerä-

---

[154] Garrison, Geheimreport, S. 55f.

tes ähnelt denen des „Lügendetektors", der den Hautwiderstand mißt. Scientology erklärt zwar, daß das „E-Meter" nichts mit einem Lügendektor zu tun habe, verwendet aber bei Sicherheitsüberprüfungen von „Preclears" das „E-Meter" genau dafür: Zum Aufspüren von Lügen.[155]

Die Scientologen sind außerdem überzeugt, daß mit Hilfe des „E-Meters" „Engramme" aufgespürt werden können. Denn „Engramme" äußern sich durch „Energie" und „Ladungen", die im „reaktiven Verstand" angehäuft wurden. „Auditieren entlädt diese Ladung, so daß sie nicht mehr da ist und den Menschen nicht mehr beeinflussen kann." [156]

Den Auditor interessieren dabei Zeit, Ort, Umstände und Ablauf der vergangenen Geschehnisse des „Preclear". Der Auditor fordert den „Preclear" auf, sich an das negative Geschehnis zu erinnern. Die Erinnerung daran allein soll dann dafür sorgen, daß sich die „Ladung" des „Engramms" entleert. In der Regel gibt es keine Zeitvorgabe für die Dauer der jeweiligen „Auditing"-Sitzung. Vielmehr wird vorher ein Plan erstellt, welche „Engramme" gelöscht werden sollen. Ist dies geschehen – kontrolliert wird durch eine bestimmte Anzeige auf dem „E-Meter" –, gilt die entsprechende Kursstufe als abgehandelt. Angesichts der vielen „Engramme", die ein „Thetan" im Laufe der Jahrbillionen erfahren hat, kann man sich die Dauer der „Auditing"-Prozesse selbst ausmalen.

Wichtig ist noch festzuhalten, daß das „Auditing" in einem Zustand der „Sammlung" des „Preclear" abgehalten wird. Kritiker behaupten, daß der „Preclear" sogar hypnotisiert wird. Richtig ist, daß der Ablauf des Verfahrens tatsächlich stark an Methoden der Hypnosetechnik erinnert.

Das „Auditing" ist ein besonders sensibler Punkt der scientologischen Technik. Denn im Gegensatz etwa zur christlichen Beichte wird alles Gesagte festgehalten. Dies setzt ein hohes Maß an Verantwortung des Befragers und ein noch größeres Maß an Vertrauen des Befragten voraus. Der Befragte weiß jedoch nicht, was ihn erwartet. Die Verantwortung liegt daher allein beim Auditor. Da beim „Auditing" gerade kritische und sensible Punkte in der Biographie des „Preclear" ausgespäht werden, sollte jeder, der sich einem solchen Verfahren unterzieht, genauestens überlegen, ob er einem fremden Menschen intimste Offenbarungen machen will – denn dieser gewinnt mit dem Wissen auch Macht über eine Person. Der „Preclear" muß auf die Verschwiegenheit und Integrität des Auditors und der Organisation, die die Unterlagen seiner Offenbarungen aufbe-

---

[155] Siehe dazu Kapitel 5: „Umgang mit Kritik", Seite 94.
[156] Hubbard, Fachwortsammlung, S. 55.

wahrt, hoffen. Kritiker stellen fest, daß es eine Reihe von Fällen gibt, in denen sich diese Hoffnung nicht erfüllt hat.[157]

Der Zustand „Clear" ist wie gesagt nur eine Etappe auf dem Weg zur „völligen Freiheit". Denn der „Thetan" ist hier nur „Clear auf der 1. Dynamik". Deshalb muß hier erneut ein Stück scientologischen Lehrgebäudes eingeführt werden: die sogenannten Dynamiken. **Hubbard** behauptet, daß es insgesamt acht Dynamiken gibt, die die Triebkräfte des Lebens umschreiben. Diese acht Dynamiken sind: *„Die erste ist der Drang zum Dasein als man selbst. Die zweite Dynamik ist der Drang zum Dasein als eine sexuelle oder bisexuelle Unternehmung. Die dritte Dynamik ist der Drang zum Dasein in Gruppen von Individuen. Die vierte Dynamik ist der Drang zum Dasein als Menschheit. Die fünfte Dynamik ist der Drang zum Dasein des Tierreichs. Die sechste Dynamik ist der Drang zum Dasein als das physische Universum. Die siebente Dynamik ist der Drang zum Dasein als oder von geistigen Wesen. Die achte Dynamik ist der Drang zum Dasein als Unendlichkeit. Dies wird auch als das höchste Wesen identifiziert."* [158]

Um nun auch auf den anderen Dynamiken „clear" zu werden, muß der Scientologe auch die OT-Stufen beschreiten. Deren Inhalt ist weitgehend geheim. Eine Stufe, der „sagenhafte" OT-III-Kurs, ist durch ehemalige Scientologen publik geworden. Der Hintergrund dieses Kurses ist die Geschichte vom bösen Fürsten **Xenu,** der den „Thetanen" auf der Erde eine Falle stellte. **Robert Kaufman,** ein ehemaliger Scientologe, hat in seinem leider vergriffenen Buch „Übermenschen unter uns" den Ablauf dieses Kurses beschrieben:

„OT-III-Instruktionen: Hier trifft man Körper-Thetanen, das sind

Alles nur Blendwerk

Seelen, die sich an den Körper geheftet haben. Auch wenn sie nicht offen gefährlich sind, neigen sie doch dazu, eine Person unter Druck zu halten; es ist daher besser, sie los zu sein. Man befreit sich von Körper-Thetanen, indem man sie durch zwei Engramme auditiert, die vor Billionen und Trillionen von Jahren eingeprägt wurden. Der Körper-Thetan wird befreit, wenn man die Vorstellung eines grinsenden Flugzeug-Piloten hat, der sagt: ,Es ist nur ein Blendwerk.' ... Die Befreiung in OT III ist vollzogen, wenn alle Körper-Thetanen vertrieben sind... Es können Hunderte sein... Es ist gefährlich, OT III falsch zu auditieren. Fehler ziehen schwere Folgen nach sich: von Schlaflosigkeit über Lungenentzündung bis zum Tod.

---

[157] Bescheid der Staatsanwaltschaft München vom 24. April 1986, Az. 115 Js 4298/84, S. 27.

[158] Hubbard, Fachwortsammlung, S. 24.

Mir schwammen die Augen... Die ganze Angelegenheit war für mich ein einziges Fragezeichen... Nur das eine hatte ich erfahren, man sollte die Körper-Thetanen mit dem E-Meter feststellen. Man dachte an verschiedene Teile des eigenen Körpers, bis man eine Nadelreaktion erzielte, genau dort war dann eine marodierte Seele... Ich stellte mir mein Gesicht vor; jede Einzelheit ließ ich vor meinem inneren Auge passieren. Gleichzeitig kontrollierte ich, ob sich auf dem E-Meter eine Reaktion ergab. Als ich bei der Haut neben meiner rechten Augenbraue anlangte, erhielt ich ein Nadelreaktion. Ich notierte im Arbeitsblatt ‚Körper-Thetan über dem rechten Auge‘..."

Instruktionen: „*Vorfall I ereignet sich am Anfang der Zeit-Spur, vor 405 Billionen Jahren: Man hört einen Knall – eine Kutsche fährt vorbei – wendet sich nach rechts, dann nach links und verschwindet – ein Cherub mit einer Trompete erscheint – er setzt sie an seinen Mund – bläst – er kommt näher und immer näher – plötzlich wirbelt er herum und geht fort – dann eine Serie von Explosionen – schließlich Dunkelheit über der Szene.‘ Ich auditierte den Körper-Thetan mehrfach durch die ganze Szene. Jedesmal war das Bild vor meinem geistigen Auge anders. Einmal schwankte die Kutsche über einen staubigen Acker, dann über eine saftige Wiese mit bunten Blumen, dann wieder raste das Pferd, wie Pegasus, durch einen Wolkenhimmel, mitten in der Nacht oder in hellem Sonnenlicht. Auch die Trompete des Cherubs hörte sich verschieden an.*

Ich trug alles in meine Arbeitsblätter ein. Plötzlich kam mir der Gedanke, daß ich alles durcheinander brachte: eine Erkenntnis! Der Körper-Thetan war frei – er war schon verschwunden. Ich notierte das. Einen weiteren Thetan stellte ich links zwischen den Rippen fest. Nach wenigen Durchgängen mit Vorfall I gab es keine Reaktionen mehr. Ich suchte nach dem nächsten Körper-Thetan, aber ich war nervös. Angenommen, der letzte war doch noch da. Ich hatte keine Gewißheit, ob er wirklich verschwunden war. Versteckte er sich vor mir? Der nächste Körper-Thetan war dicht über meinem linken Auge. Ich machte mehrere Durchgänge mit Vorfall I. Ich war keineswegs überzeugt, daß die Kreatur verschwunden war, und arbeitete immer weiter. Die Nadel-Reaktionen schrumpften.

‚Besteht der Wunsch aufzuhören?‘ las ich aus der Liste laut vor. ‚Besteht der Wunsch, den Vorfall zu meiden?‘ Inzwischen hatte ich den Vorfall I mindestens dreißigmal auditiert. Der TA [„E-Meter"-Anzeige] ging immer mehr nach oben, ich hatte fürchterliche Kopfschmerzen. Jedesmal, wenn die Kutsche vorbeiraste, sah ich einen Moment lang den Mann auf dem Kutschbock; während er die Pferde wie rasend voranpeitschte, drehte er mir sein Gesicht mit einem teuflischen Kannibalengrinsen zu. Meine Furcht wuchs noch. Was war mit dem Körper-Thetan? Vielleicht war er schon einmal verschwunden, und ich hatte ihn zurückgerufen. Ich ging die Liste mit den Einwänden immer weiter durch – schließlich hörte ich seltsame Töne. Ich kämpfte

mich durch einen Durchgang nach dem anderen, bis die Nadel [Anzeige am „E-Meter"] völlig festsaß. Ich hatte 63 Durchgänge gemacht. Das war unmöglich: So viele brauchte kein Engramm. Das Auditieren ekelte mich an, ich fühlte mich völlig krank. Darum hörte ich auf.

Kaufmans Resümee: *„In der Barbaren-Welt draußen kann man bestraft werden, weil man sich gegen die Autoritäten gestellt hat, gegen die äußeren und gegen die innerern. Man straft sich selbst, weil man der inneren Stimme nicht gehorcht, die einen lehrt, das Richtige vom Falschen zu unterscheiden. In* **Rons** *Welt gehen die Strafen über jedes vernünftige Maß hinaus: Dort droht der Wahnsinn."*[159]

Im „Time-Magazin International" wurden in der Ausgabe vom 6. Mai 1991 Kosten, Dauer und andeutungsweise auch der Inhalt der oberen OT-Stufen benannt. So kosten die OT-Stufen I und II laut „Time" 7978 Dollar. Rund 100 Stunden seien dafür zu absolvieren. Das Magazin zum Inhalt: *„Nachdem Sie gelernt haben, wie sich ihre geistige Wahrnehmung von der Welt und der Menschheit seit dem Zustand ‚Clear' verändert hat, erfahren Sie etwas über Gedanken, die dem Menschen vor 75 Millionen Jahren eingepflanzt wurden."*

OT III und IV kosten laut „Time" 17010 Dollar und dauern mehrere Monate: *„Hier erfährt man die Geschichte vom Galaktischen Führer XENU, den Vulkanexplosionen auf der Erde und der Implantation von Geistern, bzw. Körper-Thetanen. Diese Stufe soll ferner Befreiung von den Auswirkungen des Drogenkonsums früherer Leben bringen."*

OT V bis VII kosten nach Angaben des Magazins 25600 Dollar und dauern ebenfalls mehrere Monate. Hier gehe es nun um *„Aufspüren und Befreien von Körper-Thetanen oder bösen Geistern, die Millionen von Jahren unbemerkt in einem schlummerten".*

OT VIII ist derzeit die höchste aller für Scientologen zugänglichen Stufen. Sie kostet laut „Time" 11140 Dollar zuzüglich einer unbestimmten finanziellen „Entschädigung". Die Dauer des Kurses betrage nur ein paar Wochen. OT VIII gibt laut „Time" *„Die ultimative Antwort auf alles. Es gibt bisher keinen [Scientology-]Aussteiger, der OT VIII erreicht hatte. Aber Gerüchte sagen, daß* **Hubbard** *hier zu Gott erklärt wird. Die OT-IX-Texte sind bereits geschrieben, aber noch nicht freigegeben."*

Auf die „Freigabe" von OT IX warten die Scientologen nun schon sieben Jahre. Offenbar bedarf es, wie schon bei der „Lieferung" von OT VIII, einer gewissen Zahl von „Operierenden Thetanen", die die darunter liegenden Stufen erklommen haben. So wird berichtet, daß OT VIII erst „freigegeben" wurde, als minde-

[159] Robert Kaufman: „Übermenschen unter uns", Frankfurt am Main 1972, S. 163ff.

stens 1000 OT-VII-Abschlüsse gemeldet werden konnten.[160] OT VIII wird seitdem wieder auf hoher See, auf dem Luxusliner „Freewinds" abgehalten.

Auf die Antwort, welche Überraschungen OT VIII und IX aufzuweisen haben, werden die breite scientologische Gläubigenschar und die Öffentlichkeit wohl noch warten müssen.

---

[160] Potthoff, Analyse, S. 87.

NEUGIER · FASZINATION · MITGLIEDSCHAFT

Angesichts der Darstellungen des vorangegangenen Kapitels erscheint es schwer vorstellbar, daß sich jemand die **Hubbard**sche Science-fiction-Welt zur eigenen Lebensphilosophie macht. Dennoch hat Scientology einen vergleichsweise großen Zulauf. Vorgänge, die zur Mitgliedschaft führen, sind aufgrund verschiedener Ausgangslagen (Bedürfnisse, Ängste, Wertvorstellungen, Überzeugungen usw.) von Person zu Person unterschiedlich. Auch wenn eine systematische Forschung in diesem Bereich bis heute nur äußerst unzureichend stattgefunden hat, scheinen bestimmte Mechanismen dennoch personenübergreifend eine wichtige Rolle zu spielen.

Im Folgenden soll versucht werden, diese näher zu beleuchten und eine Art „Prozeßmodell" zu entwickeln, das versucht, wichtige psychologische Mechanismen anzusprechen. Dabei können keine „Kochrezepte" zum Verständnis psychischer Vorgänge bei Scientology-Interessenten verteilt werden. Dieses Kapitel ist vielmehr als Anregung zu verstehen, sich in die Situation von Betroffenen hineinzuversetzen, um einen kleinen Einblick in mögliche Ursachen der Faszination zu bekommen. Zu Beginn steht die Frage: Wie entsteht Neugier oder Interesse zur Auseinandersetzung mit der Ideologie? Dabei sind wohl mehrere Faktoren entscheidend.

Die „anfällige" Persönlichkeit

Sind Menschen, die sich von Scientology faszinieren lassen, psychisch „krank"? Oder sind hauptsächlich Jugendliche „anfällig", die – aus der Pubertät entwachsen – in einer „Sinnkrise" stecken? Beide Fragen müssen mit nein beantwortet werden. Der Versuch, Scientology-Interessierte auf eine bestimmte klar identifizierbare Gruppe von Menschen der Gesellschaft beschränken zu wollen, ist nicht tragbar: *„Grundsätzlich ist niemand dagegen gefeit, von einem ‚Erlöser' getäuscht zu werden."* [161]

Da sich jedoch nicht jeder einer solchen Bewegung anschließt, muß es offenbar bestimmte Situationen oder Lebensumstände geben, die die Bereitschaft erzeugen oder erhöhen, sich mit den Überzeugungen von Scientology auseinanderzusetzen. Es ist anzunehmen, daß es sich hierbei um – tatsächlich jedem vertraute – Situationen handelt, in denen Probleme oder Unsicherheiten bei der Lebensbewältigung auftreten können: Konflikte und Spannungen in Familie, Arbeit,

---

[161] Oliver von Hammerstein: „Ich war ein Munie", München 1983, S. 112.

Freundeskreis, Konkurrenzängste, Leistungsdruck, Selbstunwertgefühle, Zweifel an den eigenen Fähigkeiten oder Verlustereignisse wie der Bruch einer Beziehung, der Tod eines geliebten Menschen usw. Zudem sind allgemeine, ideelle und persönliche Fragen relevant: Zweifel an kirchlichen, gesellschaftlichen und politischen Institutionen und deren Überzeugungs- und Erklärungsstrukturen, Zukunftsängste und „Sinnkrisen", um nur ein paar Beispiele zu nennen.

Entscheidend dabei ist jedoch nicht, *daß* eine Person sich in einer mehr oder minder großen Konflikt- oder Streßsituation befindet, sondern deren individuelle Wahrnehmung und Beurteilung, die sicherlich für zwei Personen in ähnlichen Situationen verschieden („unerträglich" oder „es wird schon weitergehen") ausfallen kann. Des weiteren ist bedeutsam, ob eine Person über ausreichende Bewältigungsstrategien (Austausch mit Freunden, Entspannung in Streßphasen, Suche nach alternativen Erklärungen zu bestimmten Fragen usw.) verfügt, die in Problemsituationen erfolgreich sind. Faktoren dieser Art sind mitentscheidend für das Ausmaß an Bereitschaft zur Auseinandersetzung mit der Bewegung. Je unangenehmer jemand seine persönliche Situation empfindet und je weniger er dagegen zu tun weiß, desto größer ist die Gefahr, von den Ideen Scientologys eingefangen zu werden.

Gemeinsam ist daher offensichtlich allen potentiellen Scientology-Neugierigen das Vorhandensein ganz spezifischer, teilweise ähnlicher, jedoch auf den Einzelfall zugeschnittener *Bedürfnisse:* Bedürfnis nach Zuwendung, nach Kontakten, nach Angstfreiheit, nach Sicherheit, nach Erklärungen, nach Erfolg usw. Sie resultieren aus der persönlichen Problemsituation und sind im Einzelfall mit unterschiedlichen konkreten Inhalten verbunden.

Zum Beispiel das Bedürfnis nach Zuwendung: Bei jemandem, der drei gescheiterte Beziehungen hinter sich hat, könnte es sich darin äußern, daß er den intensiven Wunsch nach einer funktionierenden Partnerschaft hat. Ein anderer dagegen, der in der letzten Zeit berufliche Mißerfolge erlebt hat, wünscht sich Zuspruch und Mitgefühl von Freunden oder Arbeitskollegen. Die Stärke des in beiden Fällen vorhandenen Wunsches nach Zuwendung richtet sich nach der oben angesprochenen Beurteilung der persönlichen Situation. Unter diesen Gesichtspunkten kann eine Vielzahl von Menschen irgendwann in ihrem Leben in eine psychische Verfassung kommen, in der sie sich ihr „persönliches Glück" gern von einer Bewegung wie Scientology versprechen läßt.

Welche Rolle spielt Scientology nun bei der Erzeugung von Neugier und Interesse? Betrachtet man ihre Werbeprospekte und -filme sowie die Einleitung des Standardwerks „Dianetik", so wird klar, daß eine Fülle gerade jener Themen angesprochen wird, mit denen sich der All- tagsmensch – wie

Wie lockt Scientology?

oben dargestellt – oft auseinandersetzt. Dabei werden *Versprechen auf Befriedigung von elementaren menschlichen Bedürfnissen* gemacht, wenn die Lehre befolgt und verwirklicht wird. Und natürlich sind es genau jene Bedürfnisse, bei denen Bedarf besteht: *„Die Scientology verbessert Gesundheit, Intelligenz, Fähigkeit, Verhalten, Geschicklichkeit und äußeres Erscheinen von Leuten...“* [162]

Durch Scientology wird man laut **Hubbard** demnach befähigt, Erklärungen für eigenes Verhalten zu finden, Erklärungen für Ängste zu finden, Antwort auf die Frage zu finden, wie es mir besser gehen kann, Eigenverantwortlichkeit zu entwickeln, den Lebenssinn zu erkennen, sich selbst zu verwirklichen, eigene Leistung zu steigern usw. Zudem „hilft sie jedem Menschen, das zu erreichen, was er persönlich möchte". All diese „Versprechen" sind so abstrakt und allgemein gehalten, daß sie eine Fülle von Interpretationsmöglichkeiten für den „Empfänger" bieten. Die wichtigste Funktion der verallgemeinernden Begriffe liegt mutmaßlich darin, ein möglichst breites Spektrum von Bedürfnissen und Interessen des Menschen anzusprechen. So kann jede Person, die mit der Lehre konfrontiert wird, darin eine Möglichkeit sehen, ihre eigenen, ganz speziellen Lebenssituationen meistern zu lernen. Dabei bezieht sich Scientology offenbar auf einen elementaren Wunsch des Menschen: *Beseitigung aller subjektiv als störend, unangenehm oder unerträglich wahrgenommener Gefühle (Ängste, Unsicherheiten, Selbstunwertgefühle usw.) und daraus resultierender Verhaltensweisen – bezogen auf alle denkbaren Lebenssituationen: Beruf, Partnerschaft, Freundeskreis, Selbstwahrnehmung usw. – sprich: „persönliches Glück".*

Daß beispielsweise ein Jugendlicher, der gerade erfahren hat, daß er die zehnte Klasse wiederholen muß, sicherlich andere konkrete Vorstellungen von seinem persönlichem Wohlbefinden hat als eine alleinerziehende Mutter mit einem behinderten Kind, wird durch die abstrakte Begrifflichkeit aufgefangen. Egal, in welcher Lebenssituation sich eine Person gerade befindet, die „Versprechen" von Scientology können aufgrund ihres Allgemeinheitsgrades genau als die angesehen werden, die den konkreten persönlichen Wünschen der Person entsprechen. Somit dürfte sich eine Vielzahl von Menschen allein durch eine oberflächliche Beschäftigung mit den allgemeinen Prinzipien und Zielen von Scientology angesprochen fühlen.

Voraussetzungen für die Beschäftigung mit Scientology sind demnach erstens – seitens der Personen – vorhandene Bedürfnisse und wahrgenommener Mangel

---

[162] Hubbard, Grundlagen, Ausgabe 1983, S. 16.

an Strategien, sie zu erfüllen und zweitens – seitens Scientology – versprochene Bedürfnisbefriedigung durch abstrakt und allgemein formulierte ideologische Ziele. Kurz: Angebot und Nachfrage.

Erste Kontakte

Die einzelnen psychologischen Mechanismen während des entstehenden Erstkontaktes bzw. der ersten intensiveren Beschäftigung mit der Lehre sind natürlich abhängig von der Art und Weise, wie die Personen angeworben werden. Eine lange Zeit war die Straßenwerbung mit anschließendem „Persönlichkeitstest" neben der Werbung über Freunde und Bekannte die gängigste Methode. Mittlerweile nutzt die Bewegung jedoch auch Scientologen, die in Unternehmen, Schulen, Kindergärten usw. aktiv sind.

Der Prozeß des Erstkontakts kann daher in sehr vielfältiger Weise erfolgen. Dennoch ist offensichtlich: Das erste von den Werbern der Scientology angestrebte Ziel ist, daß der Kontakt von Außenstehenden mit ihnen und der Lehre bei den Personen Zweifel an bisherigen Lebensüberzeugungen weckt. Wie kommt es dazu?

Ein psychologisches Phänomen, das nicht nur zur Erklärung der Prozesse der Annäherung an Scientology, sondern auch später bei der Mitgliedschaft eine ganz bedeutende Rolle spielt, ist das der *kognitiven Dissonanz*. Bevor hier allerdings der konkrete Bezug zu Vorgängen bei Scientology hergestellt wird, soll das Konzept aus der psychologischen Forschung dargestellt werden.

Die Grundannahme der *„Dissonanztheorie"* [163] ist, daß der Mensch Widersprüchlichkeit *(Dissonanz)* nicht ertragen kann und versuchen wird, diese, wann auch immer, zu beseitigen oder zu verringern. Dazu ein Beispiel: Jemand öffnet einen Wasserhahn, und es fließt Wasser heraus. Einen solchen Vorgang wird wohl niemand als erklärungsbedürftig betrachten. Passiert es jedoch, daß jemand den Wasserhahn öffnet, und es fließt kein Wasser, so beginnt er sofort, nach Erklärungen zu suchen, die diese *Dissonanz* beseitigen: „Das Wasserwerk hat bestimmt das Wasser abgestellt" oder „Vielleicht ist ein Rohr gebrochen".

Das bedeutet, der Mensch ist bestrebt, ein Gleichgewicht *(Konsonanz)* zwischen seinen *Kognitionen* zu halten. Unter *Kognitionen* versteht man im allgemeinen Gedanken, Überzeugungen, Meinungen, Vorstellungen, Erinnerungen, Wahrnehmungen, kurz: sogenannte Wissens- und Erkenntnisprozesse. In unserem Beispiel handelt es sich hier um die Wahrnehmung des eigenen Verhaltens: „Ich

---

[163] Leon Festinger: „A theory of cognitive dissonance", Evanston 1957.

habe den Wasserhahn geöffnet" und um die Wahrnehmung des Ergebnisses „Aus dem Hahn fließt kein Wasser".

Die Stärke der erlebten *Dissonanz* und somit des Bedürfnisses nach Herstellung der Widerspruchsfreiheit *(Konsonanz)* ist abhängig von der Anzahl der *konsonanten* Erklärungen, die zur Verfügung stehen. Dazu wiederum unser Beispiel: Die Person, die merkt, daß aus ihrem Hahn kein Wasser fließt, erlebt sicher keine allzu große *Dissonanz*, denn es liegt ihr für das Nichtfließen des Wassers sofort eine Reihe von einfachen *konsonanten* Erklärungen vor (siehe oben). Eine Person jedoch, aus deren Wasserhahn angenommen plötzlich rote Tinte fließt, muß zur Erklärung schon mehrere und mutmaßlich kompliziertere Erklärungen finden: „Der Nachbar spielt mir einen Streich. Er hat meine Wasserleitung angezapft" oder „Irgendetwas stimmt im Wasserwerk nicht". Diese Person wird daher eine sehr viel größere *Dissonanz* erleben, die es zu reduzieren gilt.

Für den Fall, daß eine sogenannte *kognitive Dissonanz* besteht – ein weiteres Beispiel: „Ich rauche" und „Rauchen gefährdet die Gesundheit" – verfügt der Mensch über einen bestimmten Mechanismus, der es ihm erlaubt, sein Bestreben nach *Konsonanz* zu erfüllen, die sogenannte *Dissonanzreduktion*. Dazu gehört in erster Linie wohl das Hinzufügen von *konsonanten Kognitionen*. Im Wasserhahn-Beispiel handelt es sich dabei um die Suche nach Erklärungen für bestimmte *dissonante* Wahrnehmungen. Im Raucher-Beispiel würde es sich wahrscheinlich eher um die Suche nach Argumenten für das Verhalten handeln: „Rauchen entspannt" oder „Mein Großvater war Kettenraucher und ist 80 Jahre alt geworden" usw. Eine zweite Möglichkeit der *Dissonanzreduktion*, die ebenfalls für das Raucherbeispiel zutreffen könnte, ist das Ignorieren oder Verdrängen bestimmter *dissonanter Kognitionen* (hier z. B. „Rauchen gefährdet die Gesundheit" wird – obwohl unbestritten – meist ignoriert). Wichtig hierbei ist, daß jeweils diejenige *Kognition* geändert wird, für die die wenigsten *konsonanten* Argumente gefunden werden können.

In der Psychologie wurde bis heute eine Fülle von Situationen untersucht, in denen die *Dissonanzreduktion* eine elementare Rolle bei der Erklärung des Verhaltens und Erlebens von Menschen spielt. *Kognitionen* beinhalten, wie oben erwähnt, nicht nur einzelne ganz konkrete Wahrnehmungen (Wasserhahn), sondern auch Einstellungen, Werthaltungen und Überzeugungen. So konnten in der Psychologie auch allgemeinere Auswirkungen einer *kognitiven Dissonanz* festgestellt werden. Experimente zeigten beispielsweise, daß Aufgaben, die nur gering belohnt werden und/oder einen hohen Aufwand erfordern, in ihrer Attraktivität steigen. Eine weitere Beobachtung – neben zahlreichen anderen – war z. B., daß nach einer Entscheidung die Attraktivität der gewählten Alternative steigt und die der verworfenen Alternative fällt. Zudem zeigte sich, daß beispielsweise eine Einstellung, von deren Richtigkeit man überzeugt ist, wenn bedroht, noch verfestigt wird.

Der Mechanismus der *Dissonanzreduktion* ist sicherlich nicht geeignet, vollständige Erklärungen zu geben, warum Scientology Menschen neugierig macht, sie fasziniert, warum sie beitreten und warum sie sich so schwer davon lösen. Auf jeder Stufe des Kontaktes spielt dieser psychologische Mechanismus jedoch eine wichtige Rolle, wie im folgenden gezeigt wird.

Zunächst wird versucht, die Frage zu beantworten, wie Neugier und Interesse für Scientology entstehen. Wie kommt es dazu, daß Personen – seien es auch noch so „fest im Leben stehende" Persönlichkeiten – zu überlegen beginnen: „Da könnte etwas dran sein"?

Angenommen, jemand geht über die Straße und wird von einer Person angesprochen, die fragt: *„Wieviel Paar Schuhe haben Sie an?"* (eine der Standardfragen von Scientology-Straßenwerbern). Unbestritten wird mit einer solchen Frage *Dissonanz* erzeugt – die Person wird sekundenschnell beginnen, sich diesen ungewöhnlichen Vorfall zu erklären: „Der sieht ja eigentlich ganz anständig aus, vielleicht hat er ein interessantes Anliegen" oder „Da muß was dahinterstecken" usw. Zeigt der Angesprochene auch nur kleinstes Interesse, Unsicherheit oder Verwirrung, wird er in der Regel sofort in ein Gespräch verwickelt, bei dem der Scientologe ihm Erklärungen für sein Auftreten liefert. Hat die angesprochene Person keine eigenen stichhaltigen Erklärungen oder Überzeugungen – z. B. „Der will mich auf den Arm nehmen oder mir etwas verkaufen" oder „Egal, was der will, ich lasse mich grundsätzlich von keinem ansprechen" (*Dissonanzreduktion* in die eine Richtung) zur Verfügung, wird sie geneigt sein, die Aussagen des Scientologen zu überdenken (*Dissonanzreduktion* in die andere Richtung). Sie wird wahrscheinlich eine Broschüre entgegennehmen oder sich zu einem „Persönlichkeitstest" (siehe unten) überreden lassen.

Angenommen, jemand besucht alte Bekannte, die während des Abendessens von einer neuen Gruppe erzählen, der sie beigetreten sind und bei der es ihnen ausgezeichnet gehe. Auch in einem solchen Fall kann *kognitive Dissonanz* entstehen, wenn der Besucher beispielsweise folgende Überlegungen anstellt: „Ich habe die beiden immer geschätzt, gerade weil sie vernünftige und freundliche Leute sind", aber „Sie haben heute aber sehr komische Ansichten". Die Reduktion dieser Widersprüche könnte so aussehen: „Die haben sich aber sehr verändert, vielleicht habe ich sie früher falsch eingeschätzt, offensichtlich sind sie in die Hände einer gefährlichen Sekte geraten." Oder aber auch: „Eigentlich wirken sie ja immer noch wie früher, und sie hatten immer großes Urteilsvermögen, an ihren Überzeugungen ist sicherlich manches richtig, vielleicht sollte auch ich mich dafür interessieren."

Dies sind nur zwei Beispiele, die verdeutlichen sollen, welche Prozesse während des ersten Kontakts mit Scientology-Mitgliedern stattfinden können. Ein nächster Schritt, der sicherlich ebenfalls Neugier und Interesse erzeugt oder erhöht, ist die Durchführung des „Persönlichkeitstests". In diesem Test werden 200 Fragen an die Person gestellt, die z. B. folgendermaßen aussehen: „Können Sie Ihre Gefühle leicht zum Ausdruck bringen?" oder „Haben Sie manchmal ein traumähnliches Gefühl im Leben, wobei Ihnen alles unwirklich erscheint?" oder „Grübeln Sie oft über ein früheres Mißgeschick?" u. v. m.

Aus Sicht der wissenschaftlichen Psychologie kann gesagt werden, daß dieser Test äußerst fragwürdig ist. Allem Anschein nach wurden Fragen aus verschiedenen psychologischen Testverfahren, die unter strengen Kriterien entwickelt wurden und die strengen Auswertungskriterien unterliegen, mit laienpsychologischen Fragen vermengt. Das Auswertungssystem entzieht sich einer Überprüfung. Fest steht jedoch, daß von Scientology „diagnostizierte" Persönlichkeitsstrukturen kaum mit denen übereinstimmen, die mit anerkannten Testverfahren durchgeführt wurden.[164]

Den Menschen als „Alltagspsychologen" können die Fragen je-

Mechanismen der Faszination

doch ausgesprochen beeindrucken. Zum einen erweckt allein die Anzahl der Fragen den Anschein der Bedeutsamkeit, zum anderen wird eine solche Fülle von Lebensbereichen abgefragt, daß der Eindruck entstehen kann, hier würde gezielt und systematisch nach der Persönlichkeitsstruktur gefragt. Dies geschieht erstens dadurch, daß Teilbereiche angesprochen werden, in denen jeder Mensch „wunde Punkte" hat oder über die er schon häufig nachgedacht hat. Zweitens werden Personen allein durch die Auseinandersetzung mit den Fragen auf Probleme gestoßen, die sie vielleicht bisher an sich selbst noch gar nicht wahrgenommen haben. Das Ansprechen persönlicher Belange führt vermutlich zu einer positiven Beurteilung des Tests im Sinne von: „Da hat sich jemand Gedanken bei der Entwicklung des Tests gemacht."

Dann folgt die Auswertung: Neben der Tatsache, daß eine Reihe von Fragen als Information über die Bereitschaft zur Unterordnung der befragten Person dient (z. B. „Könnten Sie einer ‚strengen Disziplin' zustimmen?"), wird ihr nach eini-

---

[164] Hanns Hippius: „Nervenärztliches Gutachten", München 1984.

Der Persönlichkeitstest

ger Zeit mitgeteilt, daß sie Probleme und Defizite in bestimmten Bereichen habe. Dabei wird offensichtlich nach der Wahrsager-Methode vor-
gegangen: Der „Tester" erwähnt ein bestimmtes Thema, zum Beispiel „Ihre
Testwerte legen nahe, daß sie des öfteren Probleme mit Ihrem Chef haben". Erfolgt eine klare Verneinung, wird dieses Thema sofort fallengelassen und zum
nächsten übergegangen. Jede kleinste irritierte oder verunsicherte Reaktion des
Betroffenen jedoch führt zum Hinterfragen des Themas. So werden einzelne
Themenbereiche durch Reaktionsbeobachtung schrittweise ausgegrenzt, was
dem Betroffenen in der Regel nicht auffällt. Unumstritten treten auf diese Art
tatsächlich vorhandene problematische Lebenssituationen des einzelnen zutage.
Bei jemandem, dem diese Technik nicht vertraut ist, kann so der Eindruck entstehen, man habe ihn „durchschaut".

Im Kopf des Betroffenen könnte daher folgendes vorgehen: „Eigentlich bin ich
ja nur hingegangen, um mal zu ‚gucken', das ist bestimmt alles Unsinn" – aber:
„Es wirkt alles sehr seriös"; „Ich habe einen richtigen psychologischen Test gemacht"; „Vieles von dem, was über mich gesagt wurde, trifft zu – sie haben
wohl eine Menge über mich herausgefunden." Folge: „Die verstehen etwas von
ihrem Handwerk – da muß etwas dran sein" (*Dissonanzreduktion*).

Nachdem also vorhandene Bedürfnisse, Schwierigkeiten und Defizite, falls der
Person selbst noch nicht klar bewußt, aufgezeigt wurden, wird gleich eine Lö-
sungsstrategie mitgeliefert: Scientology. Die Konfrontation mit der Lehre beginnt, wie oben schon erwähnt, zunächst damit, daß Personen ihre Bedürfnisse
in der Zielsetzung der Lehre angesprochen sehen. Weiterhin ist entscheidend,
daß in der scientologischen Werbe-„Literatur" zunächst eine Fülle von lebensna-
hen Beispielen dargestellt werden, die ein jeder von uns kennt: Drogenkonsum,
Mängel im Bildungs- und Erziehungsbereich, Menschenrechtsverletzungen,
Schwierigkeiten bei der Kindererziehung, unzureichende psychiatrische Versor-
gung, mangelnde Kommunikationsfähigkeiten, mangelnde Selbstbestimmung
usw. Natürlich werden sie alle mit scientologischen Interpretationen und Be-
deutungen bedacht und scientologische Lösungsstrategien vorgeschlagen. So gewinnt das Konzept von Scientology scheinbar an Glaubwürdigkeit, denn es
werden tatsächlich durchweg lebensnahe Probleme angesprochen, die entweder
komplexe Gesellschaftsfragen aufgreifen oder sich mit individuellen Problemsituationen beschäftigen. „*Neue Sektenmitglieder werden überschwemmt in einer
Flut von sehr breit und allgemein gehaltenen, sehr einfachen religiösen, halbreligiö-
sen, wissenschaftlichen und philosophischen Informationen, die wirklich wahr und*

logisch sind... Auf ... Stufe 1 [Neugier, aber kritische Distanz] *sieht und erlebt das neue Sektenmitglied anwendbare Wahrheiten, die für sein Leben nützlich sind.*"[165]

Eine Person, die ein wenig neugierig auf Scientology geworden ist – sei es allein durch oben genannte Faktoren oder aber auch durch zusätzliche massive Beeinflussung, wie z. B. regelmäßige Telefonanrufe oder Postsendungen –, wird sich intensiver mit der Lehre und den Methoden der Bewegung beschäftigen. Wie kommt es am Ende jedoch dazu, daß jemand die Einstellung vertritt: „Das finde ich gut"?

Nachdem bei den Neulingen nun Zweifel an bisherigen Lebensumständen und Erklärungsmustern entstanden sind, liefert Scientology den Personen alternative Erklärungen und Ideen. Statt: „Mir geht es nicht gut, weil ich ein Versager bin" kann jemand die Möglichkeit in Betracht ziehen: „Mir geht es nicht gut, weil ich ‚Engramme' habe."

Dabei ist es erstens von entscheidender Bedeutung, daß die

Scientology scheibchenweise

futuristische Heilslehre und -methode Scientologys in vollem Umfang erst Personen offenbar wird, die schon lange Zeit dabei sind. Sie wird scheibchenweise in jeder „Stufe", die erreicht wird, präsentiert. Dies bedeutet, daß der „Anfänger", der zunächst nur etwas über „Engramme", „Aberrationen" und „E-Meter" erfährt, immer noch massiv auf seine bisher erlebte Realität und Überzeugungen zurückgreifen kann und lediglich solche Bruchstücke scientologischer Lehre und Erklärungen hört, die er in seine bisherigen Überzeugungen einbauen kann. (Würde man gleich zu Beginn **Xenu**, Vulkane und Sternenkriege erwähnen, hätte Scientology sicherlich nicht so großen Zulauf!) Auf diese Weise wird ein Mensch Schritt für Schritt in die Heilslehre Scientologys eingeführt.

Weiterhin ist wohl bedeutsam, daß die Theorie, die den Neulingen und auch den Absolventen der unteren Stufen nahegebracht wird, einen zugegebenermaßen eindrucksvollen, aber äußerst unwissenschaftlichen Fiktionsmischmasch aus verschiedenen psychologischen, physiologischen, esoterischen und laienpsychologischen Theorien menschlicher Funktionsweisen darstellt. Daher ist es durchaus nachvollziehbar, wenn Menschen, die den Ursprung und die Zusammenhänge der Theorie **Hubbards** nicht einordnen können, in dem bruchstückhaften Teil seiner Ideologie ganz vertraute Dinge wiederfinden, die sie doch „irgendwo schon einmal gehört oder gelesen haben". (Ist man beispielsweise sehr phantasiereich, finden sich Parallelen zwischen **Hubbards** „Engrammen" und „Aberratio-

---

[165] ABI, Eidesstattliche Versicherungen, S. 256.

nen" und den **Freud**schen unbewußten, vom „ICH" zurückgehaltenen Triebwünschen, die den Menschen beuteln.)

Zusätzlich stellt sich der Effekt ein, daß Personen, die Erklärungen und Antworten auf viele Fragen haben möchten und mit geheimnisvollen Aussagen auf später erreichbare Stufen vertröstet werden, noch neugieriger werden, und daher Interesse entsteht weiterzumachen. *„In den Jahren meiner Sektenzugehörigkeit beobachtete ich, wie Mitglieder hoffnungsvoll dahin gebracht wurden herauszufinden, welches Geheimnis hinter dem nächsten Vorhang steckte und ihre Probleme lösen würde..."* [166]

Überdies ist psychologisch offenbar bedeutsam, daß der Teilbereich der Lehre, die dem Neuling nahegebracht wird, diesem sehr einfache Muster zur Erklärung seiner Probleme liefert. Vergangene Grübeleien, Auseinandersetzungen und quälende Fragen sind überflüssig gewesen, es gibt „verdinglichte" Gewalten im Körper, die für die schlechte Verfassung verantwortlich sind. Es ist denkbar, daß Menschen, die sich der Auseinandersetzung mit ihren Problemen nicht immer gewachsen fühlen, in einer solchen Erklärung eine einfache Lösungsmöglichkeit sehen, von der sie sich faszinieren lassen.

Beginn der „Praxis"

Die ersten praktischen Erfahrungen sammelt der Scientology-Neuling in der Regel dann bei verschiedenen Einführungskursen. Der „Reinigungsrundown" beispielsweise beinhaltet mehrere Besuche in einer Sauna (Schwitzkur) und die Einnahme von „Vitaminen", *„um den Körper von allen Drogen und Chemikalien zu befreien und Körper und Thetan gegen Strahleneinflüsse widerstandsfähig zu machen".* [167] Selbst Menschen, die immer noch Zweifel haben, werden sich zu einer solchen Aktivität verleiten lassen können, denn Saunabesuche zur Entschlackung oder Entgiftung sind ja im täglichen Leben nicht ungewöhnlich. Daß dabei auch ein „Thetan" am Werk sein soll, kann zu diesem Zeitpunkt ja getrost noch für nebensächlich gehalten werden.

Entsprechend ihrer „Bereitschaft", sprich des Ausmaßes an Interesse für Scientology, werden die Neulinge in verschiedene Einführungskurse geschickt. Für solche, die noch arge Zweifel haben, gibt es zum Beispiel kleine Diavorträge, in denen zunächst nur ein äußerst begrenzter Teil der **Hubbard**schen Lehre vermittelt wird. Scientology bietet hierzu noch weitere Kurse an: *„Dianetik: Der Leitfa-*

---

[166] ABI, Eidesstattliche Versicherungen, S. 249.

[167] Heinrich Steiden/Christine Hamernik: „Einsteins falsche Erben", Wien 1992, S. 200.

den für den menschlichen Verstand", „Die Dynamiken des Lebens", „Selbstanalyse", „Die Probleme der Arbeit", „Eine neue Sicht des Lebens" usw. Hinzu kommen *„Kurse zur Verbesserung des Lebens", „Wie man eine erfolgreiche Ehe beginnt", „Wie Sie Ihre Ehe verbessern können", „Wie man Zustände im Leben verbessert", „Wie man seine Beziehung zu anderen verbessert", „Wie man als Eltern erfolgreich sein kann", „Wie man Arbeit leichter macht"* usw.[168] Wer möchte dies alles nicht erfahren?

Andere Personen wiederum, zum Beispiel solche, deren Testauswertung sehr „schlecht" war, kommen in den Kurs *„Objektive Prozesse".* Dabei muß sich der Teilnehmer *„mit Körperbewegungen und Beobachten und Bevühren von Gegenständen (Objekten) im Auditierzimmer"* befassen.[169] Zu diesem Zeitpunkt sollte bereits eingehend das „Dianetik"-Buch studiert worden sein, so daß es dem Teilnehmer überhaupt nicht mehr abwegig erscheinen muß, sich auf solche Aktivitäten einzulassen, zumal man sich hier noch mit „gegenwärtigen" Dingen beschäftigt. Im Gegenteil: Es ist denkbar, daß Menschen, die dazu neigen, zu grübeln oder sich in eigene Phantasien zu verstricken, eine solche Übung als angenehm erleben. Entscheidend hierbei – sowie bei weiteren Prozessen – ist jedoch, daß sich langsam eine veränderte Einstellung zeigt: Das „Nur-mal-Gucken" steht nicht mehr im Vordergrund, sondern die Personen sind jetzt eher geneigt, Veränderungen durch scientologische Kurse bei sich selbst zu erwarten.

Ein Kurs, der früher oder später von jedem absolviert werden muß, ist der *„Kommunikationskurs".* Dahin werden Personen mutmaßlich erst dann verwiesen, wenn sie einen gewissen Grad an „Glaubensbereitschaft" erlangt haben. Der Kurs beinhaltet in der Regel einen theoretischen und einen praktischen Teil. Der theoretische Teil dient zur Aneignung eines Teils der **Hubbard**schen Sprache.

Etliche Begriffe, die in der Alltagssprache eine bestimmte Bedeutung haben, sind darin scientologisch in oft vielfacher Weise umgedeutet. Überdies werden völlig neue Vokabeln samt eigenartiger Bedeutung erfunden. So entsteht - obwohl teilweise auf vertrautem Wortschatz basierend - praktisch eine neue interpretationsreiche Sprache. Hier ein paar Beispiele aus dem scientologischen Wörterbuch: *„Datum":* Ein Stückchen Wissen, etwas Gewußtes; *„Wort": 1. Ein symbolischer Geräuschcode des physischen Universums im Aktions- oder statischen Zustand... 2. Ein Wort ist ein ganzes Gedankenpaket. 3. Wörter sind nur Symbole, die für Handlungen stehen. 4. Wörter sind Laute in Silbenform...; „Ethik": Vernünftigkeit in bezug auf die höchste Ebene des Überlebens für den einzelnen, die zukünftige*

---

[168] Scientology-Werbeschrift „Die Zeiten müssen sich ändern", 1990.

[169] Hubbard, Fachwortsammlung, S. 66.

Hubbards Kunstsprache

Rasse, die Gruppe und die Menschheit und die anderen Dynamiken

zusammengenommen." Daneben Beispiele für neue Wortschöpfungen: „*Expanded Gita*", „*Kombinierter Terminal*", „*Verfehlter Withhold*" u. v. m.[170] Die korrekte Handhabung der **Hubbard**schen Kunstsprache wird anschließend überprüft. Welche psychologischen Effekte können sich durch ihre Benutzung ergeben?

1. Die komplexen Definitionen, von denen eine oft nur durch das Verständnis von mehreren anderen begriffen werden kann, können bei Personen, die zu „glauben" geneigt sind, den Eindruck entstehen lassen, es handele sich hierbei um eine umfangreiche, komplizierte und durchdachte Theorie menschlicher Existenz, die weiterzuverfolgen sich lohne.

2. Die abstrakten und teilweise widersprüchlichen Definitionen mit häufig mehrfacher Bedeutung zwingen den Lernenden in dieser Phase geradezu dazu, eigene Interpretationen und Zusammenhänge herzustellen, um ein für ihn stimmiges Gedankengebäude zu erhalten. Er wird dies um so intensiver betreiben, je überzeugter er ist, hinter diesen oft vagen Beschreibungen stecke eine tiefere und sinnvolle Lehre. Auch hier kann im Einzelfall eine *Dissonanzreduktion* vorliegen, denn man könnte der Einschätzung sein: „Die Leute wirken vertrauenswürdig, kompetent und seriös"; aber auch: „Irgendwie klingt das alles sehr komisch."

Wenn in einem solchen Fall ausreichend Argumente für die Seriosität Scientologys vorhanden sind, wird die Person ihre Zweifel verwerfen. Folge: „Ich verstehe des alles jetzt nur noch nicht, es wird sicherlich einen tieferen Sinn haben, wenn ich mich bemühe, werde ich ihn verstehen" (*Dissonanzreduktion*).

3. Die neue Sprache ist ein erster Weg zur Abgrenzung von Nicht-Scientologen. Für die Person selbst ist die Art der **Hubbard**schen Kommunikation ein Merkmal der Gruppenzugehörigkeit und der Abschottung gegenüber anderen. Tatsache ist, daß Angehörige von Scientologen nach nicht allzu langer Zeit immer wieder berichten, daß man sich mit dem Partner/Bruder/Sohn o. ä. nicht mehr recht unterhalten könne. Es ist ein wichtiger Aspekt, ihre Unterhaltungen „einzuzementieren".[171]

Der praktische Teil des Kommunikationskurses beinhaltet mehrere Übungen. Diese werden in der Regel von vielen Teilnehmern – sowie auch späteren Aus-

---

[170] Hubbard, Fachwortsammlung.
[171] Corydon, Messiah, S. 436.

steigern – als sehr po-
sitiv beurteilt. In vie-

Der Kommunikationskurs

len Fällen ist dieser
Kurs ein Sprungbrett zu Scientology, denn die berichteten positiven Erfahrungen festigen die Überzeugung, daß „es einem hier wirklich etwas bringt." Was
geschieht bei diesen Übungen?

*„Zuerst sitzen sich beim gewöhnlichen TR 0 [TR = Trainingsroutine] die ‚Studen-
ten' in einem Meter Abstand gegenüber mit geschlossenen Augen und versuchen, einfach ‚da zu sein'.*

*Auf der nächsten Stufe, ‚TR 0 Konfrontieren' sind die Augen geöffnet und man
starrt sich gegenseitig in die Augen... Früher wurde auch das leiseste Blinzeln mit einem korrigierendem ‚Flunk!' (flunk, engl. = durchgefallen) geahndet.*

*Die dritte TR 0-Stufe ist das ‚TR 0 Reizen'... Dabei soll der Trainings-Absolvent sich
durch nichts vom TR 0 abbringen lassen. Er soll durch nichts aus der Fassung geraten...*

*Beim sogenannten TR 1 wird anhand von ‚Alice im Wunderland' geübt, Sätze in di-
rekter Rede als Befehle zu übermitteln.*

*TR 2 beinhaltet das sogenannte ‚Bestätigen', jene typisch scientologische Methode, als
Zeichen der Affinität erst einmal ‚Gut! Fein! O. K.! usw.' zu sagen.*

*TR 3 ist durch die Fragen ‚Schwimmen Fische?' bzw. ‚Fliegen Vögel?' bekannt ge-
worden. Der ‚Student' soll immer wieder die Frage stellen, eine direkte Antwort bekommen, diese Antwort bestätigen und sich nicht abbringen lassen."*

TR 4: *„Der ‚Student' soll lernen, auf die seltsamsten Zwischenbemerkungen nicht
sprachlos oder erschreckt zu reagieren, sondern das Gegenüber ... zur Sache zurückzu-
führen."* Beispiele für Zwischenbemerkungen: *„Ich habe ein Zucken im Bein; Sie
haben aber wirklich ein schönes Büro hier; ...Laß uns Händchenhalten; Küß mich!;
Moo Gum War Sue Up; Fissel Wissel Bam Kramm.'"* [172]

Dies sind nur einige Beispiele, die das Vorgehen in den einzelnen Übungen des
Kommunikationskurses verdeutlichen sollen. Aus der Sicht des Teilnehmers
gibt es dabei – auch wenn es nach diesen Beispielen kaum vorstellbar ist –
durchaus scheinbar positive Effekte. Diese ergeben sich, psychologisch betrachtet, nicht aus der damit zusammenhängenden scientologischen Heilslehre und
-praxis, sondern vielmehr aus der Tatsache, daß Teilnehmer nach diesen Übungen ein gewisses Maß an Sicherheit durch Fremd- und Selbstkontrolle beim allgemeinen Umgang mit anderen Menschen erlangt zu haben glauben. Es sei zu-

---

[172] Haack, Scientology, S. 102f.

nächst dahingestellt, inwieweit dies aus psychologischer Sicht für den einzelnen tatsächlich zutrifft bzw. sinnvoll ist. Eine Ursache für diese Überzeugung der Teilnehmer liegt nicht zuletzt in der Strategie Scientologys, vor Beginn der Übungen deren vollkommenen Erfolg zu versprechen.

Betrachten wir zunächst die ersten beiden Übungen: Zwei Personen sitzen sich stundenlang mit geschlossenen bzw. offenen Augen gegenüber, ohne sich zu bewegen. Sicherlich ist das zunächst für keinen Menschen eine angenehme Situation. Mögen einem doch Gedanken durch den Kopf gehen wie: „Das halte ich nicht lange durch"; „Was mag der andere über mich denken?"; „Hoffentlich mache ich keine ungewollte Bewegung"; „Hoffentlich habe ich mich so lange unter Kontrolle"; „Die haben es gesagt, also muß es mir hier etwas bringen" usw. Je nach Verfassung des einzelnen treten hier zunächst sicherlich kleine und große Unsicherheiten und Ängste Hand in Hand mit einer Flut von Gedankengängen bei den Teilnehmern auf.

Mit fortschreitender Zeit setzt dann ein Gewöhnungsprozeß ein, bei dem die Unsicherheiten, Befürchtungen und Ängste der ersten Minuten nachlassen. Die Person wird ruhiger und kann auch einmal die Phantasie schweifen lassen. Die Entspannung wird in der ersten Übung durch die geschlossenen Augen begünstigt und in der zweiten Übung durch das Starren auf einen Punkt – in die Augen des Gegenüber. Letzteres führt nämlich dazu, daß nach einiger Zeit die Umgebung zu verschwimmen scheint und die Augen müde werden. Die eintretende Gelassenheit kann auch für solche Momente ermutigend wirken, in denen erneut Unsicherheiten aufkommen sollten.

Die hergestellte Reizarmut der Umgebung (keine Geräusche, konstante Druckberührungen des Stuhls, keine bzw. konstante visuellen Reize), der der Teilnehmer über Stunden hinweg ausgesetzt ist, kann zudem weitere Effekte haben. Psychologische Experimente haben gezeigt, daß ein Mensch, der einem völligen „Reizentzug" (= nichts hören, sehen, fühlen, riechen, schmecken) ausgesetzt ist, zunächst beginnt, diesen durch „wirre Phantasien" zu kompensieren. Je nach Dauer des Reizentzuges setzen sogar Halluzinationen ein, die wir sonst nur von schwereren psychischen Erkrankungen kennen. Um zu klären, inwieweit letztere bei einer solchen scientologischen Sitzung vorkommen, bedarf es einer Überprüfung. Es ist jedoch durchaus anzunehmen, daß während einer solchen Übung im Einzelfall zumindest das Urteilsvermögen und der Realitätsbezug nachlassen.

Am Ende der Übungen kann der Teilnehmer sich selbst und die Technik Scientologys bestätigen: „Ich hab's geschafft!"; „Ich habe eine Situation gemeistert, die ich mir vorher nicht zugetraut hätte und bei der ich seltsame Empfindungen hatte"; „Ich hatte mich so lange im Griff und bin nicht vor Angst umgefallen"; „Die haben gesagt, daß es etwas bringe, und es ist tatsächlich so"; „Jetzt kann ich sicher jedem in die Augen schauen" u. v. m.

In der nächsten Übung „TR 0 Reizen" trainiert der Teilnehmer, sich nicht aus der Fassung bringen zu lassen. Psychologisch betrachtet lernt er, sich von Aussagen anderer zu distanzieren (einen ähnlichen Effekt kann der TR 4, siehe oben, haben). Er lernt beispielsweise, Beschimpfungen an sich abprallen zu lassen, d. h., er bemerkt den Unterschied zwischen der Äußerung eines anderen und eigener persönlicher Betroffenheit. Viele Menschen dürften dies als ein äußerst nützliches Hilfsmittel im Umgang mit anderen erachten. Wird jemand z. B. im alltäglichen Leben beschimpft, so kann er es als sehr hilfreich ansehen, statt der bislang in einer solchen Situation gezeigten Betroffenheit oder Wut einfach Gelassenheit zu zeigen. Am Ende steht: „Wenn mich demnächst jemand anschreit, kann ich ganz ruhig bleiben."

Auch das Einüben der Benutzung von Bestätigungen (TR 2) oder der Fähigkeit, „bei der Sache zu bleiben" (TR 3) kann dem Teilnehmer als sinnvoll erscheinen, da er damit eine scheinbar effektive Technik der gezielten Gesprächsführung erlernt.

Bei der Analyse dieser wenigen Beispiele ist nicht zu übersehen, daß **Hubbard** bei der Konzipierung seines Kommunikationskurses daran gedacht hat, den Teilnehmern die Möglichkeit zu geben, ihre praktischen Erfahrungen in diesem Stadium mit einigermaßen „realistischen" Erklärungen zu belegen. Damit werden die Übungen für die Neulinge nicht nur attraktiv gehalten, sie können zudem auch mögliche negative Effekte ignorieren. Denn es ist durchaus denkbar, daß nach Übungen, die bis ins Absurde gesteigert sind (z. B. stundenlange Konversationen der folgenden Art: „Schwimmen Fische?" – „Ja"; „Schwimmen Fische?" – „Ja"; „Schwimmen Fische?" – „Ja"...) kurzfristige psychische Beeinträchtigungen, wie Erschöpfung, Verwirrung usw. eintreten. Vermutlich werden diese von den Teilnehmern entweder für nebensächlich gehalten, oder sie nehmen an, daß sie für einen „Therapieerfolg" notwendig sind.

Hubbard machte offensichtlich auch gewisse Anleihen bei allgemein gängigen Verfahren der Psychotherapie, riß sie aus dem Zusammenhang, entstellte und interpretierte sie auf seine Weise. Den Teilnehmern wird jeweils eingeschärft, wie effektiv diese Übungen seien, so daß jeder, der den Kommunikationskurs macht, der Überzeugung ist: „Das muß etwas bewirken." Jede kleine Veränderung – vorhanden oder nur „eingebildet" – wird dort eingeordnet, so daß am

Ende die Meinung herrscht: „Das hat etwas bewirkt." In der Psychologie spricht man bei diesem Phänomen von einem *Placeboeffekt*. Kein Wunder also, daß es funktioniert!

Hand in Hand mit den ersten praktischen Erfahrungen geht die Tatsache, daß die Ideologie von Scientology eine immer größere Bedeutung erhält. Da der Einzelne nun „Fortschritte" an sich wahrzunehmen glaubt, gewinnen auch die dazugehörigen Deutungsmuster weiter an Glaubwürdigkeit. *„Nachdem das neue Sektenmitglied eine Zeitlang auf ‚Stufe 1'* [= Neugier, aber kritische Distanz] *war, fängt es an, die Bemerkungen Hubbards als wahr zu akzeptieren, und zwar auf der Basis des Erfolgs und der Wahrheit früherer Daten, die der Betreffende geprüft und die sich ihm selbst als wahr erwiesen hatten. An dieser Stelle angelangt, fängt der Betreffende an, Hubbards Aussagen ohne Überprüfung lediglich zu akzeptieren. An dieser Übergangsstelle wird das Sektenmitglied zu einem echt glaubenden Anhänger."* [173]

Das „Auditing"

Zu diesem Zeitpunkt fällt es wahrscheinlich nicht mehr schwer, sich für das Kernverfahren von Scientology zu interessieren: das „Auditing". Anhand des Persönlichkeitstests, der Gespräche mit den Betroffenen und eines eventuellen „Probe-Auditings" werden die Problembereiche für jeden einzelnen „identifiziert". Diese sollen dann „gehandhabt" werden.

Bevor diese Sitzungen aus Sicht des Teilnehmers dargestellt werden, sollen grundlegende Aspekte der scientologischen Technik beleuchtet werden.

Zur **Hubbard**schen Heiltechnik: Auditor und Teilnehmer sitzen sich an einem Tisch gegenüber. Der Teilnehmer hält zwei Dosen in der Hand, die zu einem „E-Meter" gehören, dem Heilinstrument Scientologys, von dem behauptet wird, **L. Ron Hubbard** habe es „speziell ... entworfen".[174] Dieses soll den „geistigen Zustand" des Teilnehmers messen können, der anhand einer sich bewegenden Nadel an einer Skala abgelesen werden könne. Bestimmte Nadelausschläge lassen laut **Hubbard** auf das Vorhandensein von „Engrammen" und „Thetanen" schließen. Dem Teilnehmer werden anhand einer „Problemliste" bestimmte Fragen gestellt. Schlägt die Nadel dann aus (auf die Darstellung der vielen verschiedenen Nadelausschläge und deren scientologischen Interpretationen wird hier verzichtet), so schließt man daraus, ein „Engramm" bzw. später

---

[173] ABI, Eidesstattliche Versicherungen, S. 257.

[174] Scientology Publications Organization: „Das einführende E-Meter-Buch, Clearing-Serie, Band 4", Kopenhagen 1980, S. 3.

einen „Körper-Thetan" des Teilnehmers entdeckt zu haben. Der entsprechende Problembereich des Teilnehmers wird dann solange bearbeitet, bis die Reaktion der Nadel nachläßt – sprich das „Engramm" gelöscht ist. Dies geschieht durch das ständige Wiederholen von Fragen, wie: „Gut, was kannst Du mir darüber erzählen?" o. ä. Um den Zustand „Clear" zu erreichen, müssen nach **Hubbard** alle „Engramme" gelöscht werden.

Zum Instrumentarium: Das „E-Meter" scheint ein Abkömmling des „PGR-Geräts" (PGR = psychogalvanische Reaktion) zu sein, das die Hautleitfähigkeit mißt. Früher wurde dieses Gerät häufig als „Lügendetektor" eingesetzt, heute benutzt man eine weiterentwickelte Form vor allem in der psychologischen Forschung und Praxis, in der Regel als Hilfsmittel bei Entspannungsübungen.

Dazu ein kurzer Exkurs: Bei jeder gefühlsmäßigen Erregung, *sei sie auch noch so klein*, zeigt der Körper Reaktionen, die man selbst gar nicht wahrnimmt: Der Blutdruck steigt, Herzschlag und Spannung der Muskeln erhöhen sich, die Pupillen verengen sich, die Atemfrequenz erhöht sich, die Schweißdrüsen steigern ihre Aktivität. Letzteres führt zum Anstieg der Hautleitfähigkeit. Alle diese physiologischen Reaktionen sind meßbar, so auch die Hautleitfähigkeit. Bei der Verwendung von Messungen gerade dieser Körperreaktion ist jedoch in Forschung und Praxis extreme Vorsicht empfohlen. Denn die Anzeige einer Hautleitwertveränderung beim PGR-Gerät kann durch andere Faktoren als physiologische Aktivierung zusätzlich beeinflußt werden. So verändert beispielweise die kleinste Bewegungen der Hand, an der die Elektroden angebracht sind, die Werte auf der Skala. Ebenso erzeugt der Druck auf die Elektroden einen Effekt auf die Anzeige. Zusammengefaßt läßt sich zunächst festhalten:

1. Bei der Messung der Hautleitfähigkeit durch ein PGR-Gerät erhebt man *ausschließlich* eine mögliche Veränderung der *physiologischen Aktivierung,* die mit gefühlsmäßigen Reaktionen einhergeht. Damit ist jedoch nicht einmal zu unterscheiden, ob die Person Freude, Angst oder Ärger empfindet, denn die physiologischen Reaktionen sind in allen Fällen *gleich.*

2. Die Messung kann durch kleinste Bewegungen der Hände verfälscht werden.

Auch andere Faktoren sind erwähnenswert: Körperreaktionen kommen, wie oben ausgeführt, durch gefühlsmäßige Reaktionen zustande. Diese kommen jedoch nicht einfach „angeflogen", sondern sie sind das Resultat von Wahrnehmungen und Gedanken *(Kognitionen).* Sieht jemand beispielsweise einen zähnefletschenden Hund auf der Straße, so wird er vermutlich Angst bekommen. Denkt jemand z. B. an seinen schweren Autounfall, wird er auch unangenehme Gefühle bekommen. In beiden Fällen verändern sich die Körperreaktionen meßbar – in gleicher Weise. Wird jemandem jedoch gesagt, er solle sich an seinen schweren Autounfall erinnern, und besitzt diese Person die Fähigkeit, sich in diesem Moment extrem z. B. auf das Zählen von 100 abwärts zu konzentrieren, so wird sie keine gefühlsmäßigen und daher auch keine körperlichen Reaktionen zeigen. Umgekehrt lassen sich körperliche Reaktionen auch täuschend „herbeiführen", wenn sich eine Person z. B. entgegen der Aufforderung, sich an ihren letzten, vielleicht langweiligen Urlaub zu erinnern, gedanklich mit der neuesten Ausgabe des „Playboy" befaßt. Daher bleibt weiter festzuhalten:

3. Von Außenstehenden kann nie mit hundertprozentiger Sicherheit gesagt werden, *worauf* eine Person im konkreten Fall denn nun die am Gerät ablesbaren körperlichen Reaktionen zeigt, da es nicht möglich ist, Gedanken zu lesen.

So weit zu den Möglichkeiten und Gefahren eines solchen Gerätes. Scientology scheint nicht nur diese Fakten zu ignorieren, sondern behauptet darüber hinaus, mit diesem Gerät objektiv nicht nachweisbare Erfindungen, wie „Engramme" oder „Thetane" aufspüren zu können. Bleibt zu hoffen, daß auf dem Heilslehrenmarkt nicht demnächst noch ein weiterer „Retter der Menschheit" auftaucht, der die Theorie verkauft, daß die Ursache einer Pupillenverengung ein „grüner Brata" sei.

Nun zur Technik: Viele der Kurse werden unter der Leitung eines Auditors durchgeführt, der die Anzeige des Gerätes beobachtet. In einigen, dann aber höheren Stufen „auditiert" sich der Betroffene selbst. Dabei ist, wie noch gezeigt wird, entscheidend, daß der Nadelausschlag dem Betroffenen „zurückgemeldet" wird. Beim „Solo-Auditing" geschieht dies direkt durch die Beobachtung der Nadel, beim „Auditing" zu zweit lernt der Betroffene sehr schnell, welche Reaktionen seines Gegenübers Bewegungen der Nadel anzeigen – er kann sie daher indirekt verfolgen.

Rein technisch betrachtet ähnelt dieses Verfahren sehr dem in der Psychologie seit langem bekannten *„Biofeedback"* (biologische Rückmeldung): *„Biofeedback... beschreibt ein Verfahren, bei dem physiologische Prozesse, die nicht oder nur ungenau durch die ... Sinnesorgane erfaßt werden, der bewußten Wahrnehmung zugänglich gemacht werden. Mittels einer spezifischen Apparatur* [hier: PGR-Gerät] *werden bestimmte physiologische Funktionen gemessen, und diese Meßwerte werden dann in ... wahrnehmbare Signale umgesetzt."* [175] Das Verfahren wird ausschließlich als Hilfsmittel in therapeutischen oder Forschungsprozessen benutzt, und zwar in der Regel solchen, die sich mit der Reduzierung von Streßsymptomen befassen. Es hat sich nämlich gezeigt, daß bei der Rückmeldung der genannten

---

[175] Birgit Kröner-Herwig/Rainer Sachse: „Biofeedbacktherapie", Stuttgart 1988, S. 9.

Körperreaktionen diese *in jedem Fall* nachlassen. Dies bedeutet, daß bei den Personen nach einiger Zeit *automatisch Entspannung* eintritt. Viel mehr *kann* dieses Verfahren nicht leisten.

Kommen wir nun zur Person, die sich einem „Auditing" unterzieht. Sie ist mittlerweile überzeugt, daß dies ein wirksames Verfahren bei der Problembewältigung ist. *„Bevor man je in eine Auditing-Sitzung gelangt, glaubt man – durch die Beispiele und den Nachdruck und durch die Kraft der Hoffnung – so fest daran, daß man das erhält, was die Sekte verspricht..."* [176] So kommt es zwangsläufig zum sogenannten *Placeboeffekt.* Auch wenn objektiv keine große Veränderung eintrat – der feste Glaube daran reicht aus, um bei der Person den *subjektiven Eindruck* entstehen zu lassen, „das bringt mir etwas".

Für Personen, die die Funktionsweise des „E-Meters" nicht erahnen können, stellt sich dann wahrscheinlich noch ein zusätzlicher Effekt ein. Angenommen, eine Person denkt gerade an persönliche sexuelle Erfahrungen, die sie aber nicht unbedingt äußern will. Anhand der Reaktion des Gegenübers (Auditor) merkt sie jedoch, daß die Nadel sich bewegte. Die aufkommende *kognitive Dissonanz* zwischen der Überzeugung, „Meine Gedanken kann keiner lesen" und der Meinung „Er muß wissen, daß ich an sowas gedacht habe" kann durch die Auffassung „Man hat mich auf eine mir unerklärliche Weise durchschaut, das ist eine faszinierende Methode" reduziert werden.

Aus Äußerungen ehemaliger Scientologen ist zu schließen, daß eine „Auditing"-Sitzung im Falle, daß der Betroffene verzweifelt oder weinend zusammenbricht, erst dann beendet ist, wenn es ihm wieder gut geht. Es sei dahingestellt, ob dies durch „Auditing" oder durch ganz andere, psychologische Vorgänge eintritt. Von großer Bedeutung ist allerdings, daß die Gefühlslage sich vor Ende der Sitzung zum Positiven verändert. Jeder Teilnehmer schreibt dies dann zwangsläufig dem „Auditing" zugute. Hier, wie auch in allen anderen angesprochenen personenbezogenen Mechanismen ist ganz entscheidend, daß der Teilnehmer in seinem neu angenommenen Glauben durch vermeintlich „positive" Erfahrungen und „Beweise" *verstärkt,* d. h. *bestätigt* wird.

Dies vereinfacht es außerordentlich, davon überzeugt zu werden, daß es das Ziel aller Wege sei, als „Thetan" und nicht als Körper zu agieren. Dazu bedarf es einer „Exteriorisierung", die angeblich auch von Teilnehmern höherer „Stufen" erlebt wurde. Das bedeutet, daß der Teilnehmer sich willentlich für begrenzte Zeit außerhalb seines Körpers aufhalten kann. Erst dann erreicht man als Scientologe das erste große Etappenziel: den Zustand „Clear". *„So konnte es etwa ge-*

---

[176] ABI, Eidesstattliche Versicherungen, S. 250.

schehen, daß ein Preclear plötzlich von einem Punkt außerhalb des Körpers wahrzu-
nehmen begann, den Körper von oben sah, draußen auf der Straße Beobachtungen
anstellte – während sein Körper nach wie vor mit geschlossenen Augen im Auditier-
zimmer saß." [177]

Dazu ist vorab festzustellen, daß im „Auditierverfahren" bestimmte Bedingungen geschaffen werden, die das Auftreten nicht „alltäglicher" Erlebnisse der Teilnehmer begünstigen. Zunächst wird hier, wie auch im Kommunikationskurs,
unter Reizentzug (siehe oben) gearbeitet. Dieser sowie die Monotonie der Äußerungen und die Konzentration auf „innere" Vorgänge begünstigen einen Ent-
spannungszustand des Teilnehmers. Neben der Bedeutung, die dieser Begriff im
Alltag hat, zeichnet sich ein solcher Zustand auch durch *reduzierte bewußte*
Wahrnehmung, reduzierten Realitätsbezug, erhöhte Vorstellungskraft und erhöhte
Suggestibilität (gedankliche und gefühlsmäßige Beeinflußbarkeit) aus. In welchem
Ausmaß ein solcher reduzierter Bewußtseinszustand eintritt, ist jedoch nicht allein abhängig von der äußeren Umgebung, sondern auch von der Person selbst.
Nervosität, ungenügende Konzentration oder Ängstlichkeit verhindern z. B. ei-
ne tiefe Entspannung. Durch Themen-Vorgabe und Befragungen kann der Inhalt der Vorstellungen der Personen beeinflußt werden. Erlebte Phantasien sind
dabei abhängig von der Vorstellungsfähigkeit des einzelnen.

So ist es durchaus denkbar, daß eine Person in einer solchen Situation durch
Fremd- oder Selbstsuggestion meint, „sich von oben betrachtet zu haben". Andere dagegen haben nur leichtere „Depersonalisationserlebnisse", die wohl vielen Menschen vertraut sind als Erlebnisse wie: „Mein Kopf ist wie in Watte ge-
hüllt" und „Ich habe das Gefühl, ich stehe ‚neben' mir".

Entscheidend ist, daß Scientology Phänomene dieser Art bei den Personen *pro-*
voziert und den Personen für ihre „seltsamen" Erfahrungen scientologische Erklärungen liefert. So sind die Personen dann der irrigen Annahme: „Der
‚Thetan' war am Werke". Das Fazit zieht die Person dann allein, sie hat ja den
„Beweis": „Es gibt ihn tatsächlich!"

Ähnlich verläuft es in der „Auditing"-Situation bei der „Rückkehr in frühere
Leben". Schlägt die Nadel des „E-Meters" beispielsweise bei der Auditor-Frage:
„Ist das Ereignis vor 25 000 Billionen Jahren passiert?" aus, so gilt dies als „Be-
leg" für ein „Engramm", das zu dieser Zeit „aufgezeichnet" wurde, und somit
für die Existenz des „Thetan". Für Scientologen bedarf es keiner großen Phantasie, dies nachzuvollziehen, sie glauben daran. Wiederum verhelfen Fremd- und

---

[177] Edition ScienTerra, Scientology, S. 33.

Selbstsuggestion zu Vorstellungen, die die Scientologen als „Erlebnisse im früheren Leben" ansehen.

Die Person wird
durch berichtete und

Leben für Scientology

selbst erlebte „Bewei-
se" zugänglich für alles, was Scientology betrifft. Der lange vermittelte „Reali-
tätscharakter" der Ideologie und der Praxis hat an Bedeutung verloren. Zweifel
und Kritikfähigkeit sind schrittweise ausgeschaltet worden. Die Ideologie samt
ihrer abstrusen Deutungsmuster sowie deren Sprache werden komplett über-
nommen. Welche Faktoren sind hier weiter von entscheidender Bedeutung?

1. Die Gruppe: *„Die Sekte ist ein eingeschlossenes System, in dem die subjektive
Euphorie des einen Sektenmitgliedes zum Verkaufserfolg, zur Demonstration, zur
Motivation des nächsten Sektenmitgliedes wird... In diesem geschlossenen System verkaufen die Sektenmitglieder sich ständig gegenseitig, sie errichten und festigen das
Glaubenssystem, sie unterdrücken Zweifel so lange, bis sie ernsthaft und völlig (mit
totaler Gewißheit) glauben..."* [178] Dies beinhaltet, daß jedes Mitglied für das andere „Vorbildcharakter" haben kann. Die vermeintlichen „Erfolge" des einen bestätigen andere in dem Glauben an Scientology und in der Gewißheit, daß sich
auch bei ihnen „Erfolge" einstellen werden. Dies und der Druck, selbst das vor-
geschriebene „Programmziel" vor anderen vertretbar erreichen zu müssen, erhöht die persönlichen Anstrengungen.

2. Isolation: Durch die Abkapselung der Scientologen nach außen verfestigt sich
ein „Gruppengefühl". Dies bedeutet auch, daß die Merkmale, die diese Gruppe
von anderen Personen oder Gruppen unterscheidet (gerade eben der Glaube an
Scientology), gefestigt werden. Dabei erhält auch die für Außenstehende nicht
nachvollziehbare Sprache eine wesentliche Bedeutung, denn eine Kommunikation außerhalb Scientologys ist so gut wie unmöglich geworden. *„Ein neues Sektenmitglied stellt schon nach kurzer Zeit fest, daß es seine Freunde wechselte, mei-
stens sind seine neuen Freunde andere Sektenmitglieder, die die Dinge im gleichen
Licht wie der Betreffende sehen."* [179]

3. Das Feindbild: Die Erzeugung des Feindbildes ermöglicht Scientology, ihre
Mitgliedern glauben zu machen, man gehe aus einsehbaren Gründen und mit ge-
rechtfertigten Methoden gegen Gegner vor. So kann jeder daraus eine eigene
persönliche Rechtfertigung herleiten. Zudem hat es den Effekt der innerlichen
überzeugten Abkapselung der Mitglieder von anderen Personen. Die klare

---

[178] ABI, Eidesstattliche Versicherungen, S. 265.
[179] ABI, Eidesstattliche Versicherungen, S. 254.

Trennung zwischen den „guten" Scientologen und den „verdammungswürdigen Unwissenden" lassen Mitgliedern keinen Verhaltensspielraum („Bin ich Scientologe, dann bin ich es ganz"). Wiederum gewinnt dann die Gruppe erheblichen Einfluß, denn es bleibt nichts anderes, als sich ausschließlich ihr zu widmen.

Weiterhin erhöht der Glaube an „Erzfeinde" die Bereitschaft der Mitglieder, sich den erforderlichen extremen Kontrollen seitens der Organisation zu unterziehen. Sie sind wohl jedem unangenehm, jedoch hat jeder eine beruhigende Erklärung: „Das *muß* sein, damit die Ausbreitung Scientologys nicht gefährdet wird."

4. Verhaltenskontrollen und befürchtete Sanktionen: Ein wichtiges Motiv ist die Angst, die wird von mehreren Seiten genährt wird: a) Mitglieder müssen seitens der Organisation mit harten Strafen rechnen, wenn sie sich nicht den Richtlinien entsprechend verhalten; b) Die Organisation ist im Besitz aller persönlicher Daten: Scientology „*...hat alle deine Sünden und Sexualgewohnheiten in schriftlich niedergelegter Form, da man sich Sektengeständnissen unterziehen muß... und dabei wird jede mögliche belastende Tatsache festgehalten...*" [180] Befürchtungen jeglicher Art sind da nicht unverständlich; c) Menschen, die an die Lehre Scientologys glauben und darin völlig verstrickt sind, übernehmen natürlich in gleicher Weise **Hubbards** Fiktionen der „guten" und der „bösen" Welt. Sie sind daher auch von möglichen Bestrafungen höherer Mächte überzeugt, die ihnen bei „Fehltritten" oder der Abkehr von Scientology widerfahren können.

5. Der Alltag: Das Leben vieler Scientologen hat sich innerhalb relativ kurzer Zeit dramatisch verändert. Die Bereitschaft, an Scientology zu glauben und in der Organisation zu leben, hat sich ganz allmählich aufgebaut. Lebensveränderungen wurden akzeptiert und auch befürwortet, die Rechtfertigung hierfür lieferte Scientology. Alte Freunde und Beziehungen, Arbeitsplatz, Freizeitbeschäftigungen, finanzielle Sicherheit usw. wurden beim einen teilweise, beim anderen völlig aufgegeben. An ihre Stelle traten neue „Freunde", zeitraubende Kurse, Geldausgaben in horrender Höhe, Arbeit in der Organisation, kurz: Scientology Tag und Nacht. Selbst solche Scientologen, die ihren Beruf nicht aufgegeben und eher noch die Möglichkeit haben, sich im Alltagsleben zu bewegen (oft sind es solche, die nicht gezwungen sind, aufgrund finanzieller Engpässe für die Organisation zu arbeiten), sind immerzu mit der Lehre, der Praxis und der Realisierung von **Hubbards** Überzeugungen beschäftigt.

In einer solchen Situation sind für den Betreffenden Kritik oder Zweifel an der Lehre und der Organisation sowie eine objektive Urteilsfähigkeit fast ausge-

---

[180] ABI, Eidesstattliche Versicherungen, S. 263.

schlossen. Er wird jede Art der Kritik zurückweisen. Treten tatsächlich einmal Zweifel auf, so wird auch dafür eine scientologische Erklärung herangezogen. Dies deshalb, weil es der Person nach einer solchen Lebensveränderung und solchem Engagement nicht mehr *möglich* ist, den Grund dafür – sprich Scientology – ohne psychische Folgen in Zweifel zu ziehen (ein Tatbestand, über den der einzelne sich nicht „bewußt" ist). „Beweisführungen" von Angehörigen mögen zwar *kognitive Dissonanzen* erzeugen, diese werden jedoch derart reduziert, daß Scientology im Überzeugungsgefüge des Betroffenen möglichst wenig Schrammen erhält.

Dieser Mechanismus wirkt so elementar, daß selbst sogenannte Aussteiger, die die „Beweise" gegen die Organisation (= *Dissonanz*) akzeptiert und ihr den Rükken gekehrt haben, oftmals immer noch an **Hubbards** Lehre glauben. So können sie beruhigt sagen: „Die Kirche ist zwar ein Ausbeutungsunternehmen, aber die Lehre stimmt" – zumal sich diese durch vermeintliche persönliche Erfahrungen ja als „wahr" erwiesen hat. Würden sie dies nicht glauben, müßten sie das Ungeheuerliche akzeptieren: „Ich habe mein Leben für ‚Seelenfänger' und Hirngespinste aufgegeben und verpfuschen lassen." Dies kann kaum jemand zugeben, ohne psychische Schäden davonzutragen.

Ist dies nun „Gehirnwäsche", „Seelenwäsche" oder „Psycho-

Sinnvolle Aufklärung

mutation", sind die Mitglieder „abhängig" oder „süchtig"? Viele haben sich mit diesen Fragen auseinandergesetzt, und alle diese Bezeichnungen haben im Prinzip ihre Berechtigung. Welchen Nutzen aber haben solche Begriffe für die Aufklärungsarbeit oder für die Hilfe bei bereits Betroffenen? Zwei Beispiele: Wird von „Gehirnwäsche" gesprochen, wirkt das zwar abschreckend, sieht man dann jedoch den lebensfrohen **John Travolta** in einer Scientology-Broschüre, so wirkt dies sicherlich ausgesprochen unglaubwürdig.

Favorisiert man dagegen z. B. die Bezeichnung „Sucht", ist ebenfalls zweifelhaft, ob dies jemanden daran hindert, sich Scientology anzuschließen. Zudem liefert auch dieser Begriff kaum therapeutische Strategien zur Unterstützung von Betroffenen, denn auf so einfache Mittel wie das „Anti-Raucher-Kaugummi" kann wohl kaum zurückgegriffen werden.

Statt der verschwommenen Bezeichnungen für die Praktiken und Auswirkungen Scientologys sollten Analysen der *konkreten* Vorgänge für den einzelnen vorgenommen werden. Nur mit diesem Wissen kann effektive Vorbeugung und Hilfe gewährleistet werden. Nicht nur medienwirksame Schlagwörter, sondern auch fundierte Kenntnisse der differenzierten Vorgänge sind erforderlich. Warum?

Es kann sein, daß der Leser dieses Kapitels an einigen Stellen den Eindruck hatte, daß das Geschilderte alles noch „relativ harmlos" sei. In diesem Fall ist auch er in die scientologische Falle „getappt" – er hat sich zumindest gut in Scientology-Neugierige und -Mitglieder versetzen können. Denn auch eine Person, die mit Scientology konfrontiert wird, schätzt dies als „harmlos" ein. Ganz allmählich wird sie an die Lehre und die Praktiken herangeführt, man verlangt nicht von Beginn an „obskure" Tätigkeiten wie spirituelle Sitzungen, „Verkleidungen" oder ähnliches. Im Gegenteil, es ist für Betroffene, „irgendwie" ein bißchen von allem, was man schon mal gehört hat oder noch erfahren will.

Kurz: Die Gefahr Scientologys liegt nicht zuletzt in einer eigentlich ganz einfachen, verständlichen Attraktivität. Und es gilt, die dieser Attraktivität zugrundeliegenden Ursachen und Mechanismen herauszufinden, denn nur daraus kann effektive Aufklärung, Vorbeugung und konkrete Hilfe abgeleitet werden.

Befindet sich der Betroffene einmal in der scientologischen „Mühle", verhindern wiederum weitere psychologische Mechanismen, daß er Scientology als das betrachten kann, als was es sich darstellt: eine Organisation, die ein *Wahnsystem* durch den Einsatz zum Teil äußerst geschickter Strategien verkauft.

Denn sie sind – wenn auch völlig absurd und wirklichkeitsfremd – bis ins kleinste „ausgeklügelt". *Alles* kann damit „erklärt" werden. Ab einem bestimmten Zeitpunkt „erklärt" ein Scientologe auch *seine* Welt damit!

Zusammenfassend läßt sich festhalten, daß sich bei den Betroffenen eine *kognitive Umstrukturierung* vollzieht, also: Veränderung ihrer Überzeugungen und Einstellungen. Wie dies geschieht, wurde hier teilweise angesprochen, z. B. mit der *Dissonanzerzeugung*. Dieser Ansatz bietet eine Fülle von Möglichkeiten zur Erklärung der Prozesse von Neugier, Faszination und Mitgliedschaft und auch für elementare therapeutische Maßnahmen zur Unterstützung von Betroffenen.

Dieses Kapitel mußte sich jedoch zwangsläufig auf die für eine umfangreiche Analyse nicht ausreichenden Quellen von Aussteiger- und Kritikerberichten stützen. Eine systematische, umfassende Forschung wäre daher dringend geboten.

Handelsmarken

Zeichen

Scientology-Kreuz

Dianetik-Symbol

OT-Symbol

Scientology-Signet

ORGANISATION UND FINANZIERUNG

Das oberste Ziel Scientologys ist es, zunächst die Erde und anschließend das Universum zu „klären" – ein recht ehrgeiziges Ziel! Auch wenn die Scientologen weit entfernt sind, die Erde in ihrem Sinne zu „klären" und damit zu übernehmen, bestimmt doch diese Zielsetzung ihre Tätigkeit. Denn: Wie soll man diese Erde „klären"? Welche Organisation ist dafür notwendig? In welchen Bereichen und mit welchen Menschen beginnt man? Wie räumt man die lästigen Gegner dieses Zieles beseite? Welche Mittel müssen zu seiner Verwirklichung eingesetzt werden?

Die einfachste Antwort auf alle Fragen wäre, im Sinne des scientologischen Ideenguts einfach einen wirklich frei operierenden „Thetan" zu schaffen. Denn der – ausgestattet mit allen denkbaren und undenkbaren Fähigkeiten – könnte ja auf einen Schlag sein unbegrenztes Potential nutzen und den ganzen Planten auf einen Schlag klären oder sich einfach eine neue Erde denken. Doch diese Problemlösung scheint Scientology bislang zu überfordern. Einen solch mächtigen „Thetan" hat die ganze **Hubbard**-Technologie offensichtlich noch nicht hervorgebracht, und so könnte in den Köpfen der Führungsriege von Scientology die Idee gereift sein, es auf eine andere Art zu versuchen.

Zumindest sind alle Vorbereitungen getroffen, um im – unwahrscheinlichen – Eventualfall sofort die Macht auf der Erde übernehmen zu können. Die Organisation probt diesen Eventualfall sogar schon. Scientology zu verstehen heißt, sich in die Köpfe elitärer, von einer alleingültigen Mission überzeugter Fanatiker zu denken, die mit allen Mitteln versuchen, ihr Ziel zu erreichen. Alsbald wird man ganz natürlich auf eine Organisationsform stoßen, wie Scientology sie verkörpert. So ist Scientology nicht nur als Glaubenskonzern aktiv. Scientology und Scientologen sind überall: In der Wirtschaft, in der Politik, in der Kultur. Teils verdeckt, teils offen arbeiten sie am großen Ziel: „Clear Planet". Den Aktivitäten Scientologys in diesen Bereichen gilt dieses Kapitel.

Um Macht zu erlangen, benötigt man bekanntlich ein Mittel: Geld. Und wenn Geld die Welt regiert, dann regiert Scientology schon kräftig mit. Über Geld Macht zu erzielen, diesem Ziel scheint Scientology heute in erster Linie verpflichtet. Und offenbar haben **Hubbards** Nachfolger erkannt, was die eigentliche Stärke der Bewegung ausmacht: Nährboden für ein gigantisches „Dienstleistungsgeschäft" zu sein.

Nach diversen Machtkämpfen innerhalb des weit verzweigten Scientology-Imperiums hat sich Mitte der achtziger Jahre **David Miscavige** an die Spitze der Bewegung gesetzt. Nicht etwa, weil er die höchste Stufen der Scientology-Technik erklommen hätte und damit zur „geistigen" Instanz ersten Ranges aufgestiegen wäre. Nein, sein Vorteil war, in dem streng hierarchisch gegliederten Scientology-Apparat den wirklichen Schlüssel der Macht erlangt zu haben: den Zugriff auf **L. Ron Hubbards** Urheberrechte. Dies aber bedeutet nichts anderes als das Recht, die Ideen **Hubbards** zu vermarkten.

Führungszentrale RTC

Die Organisation, der Miscavige als „Chairman of the Board" (Präsident) vorsteht, ist das „Religious Technology Center" (RTC). Alle Zweige Scientologys, alle „Kirchen", „Missionen" oder Firmen, die die Technologie **Hubbards** anpreisen und verkaufen, müssen an das RTC als Linzenzgeber Gebühren entrichten. Das RTC hat seinen Sitz in Los Angeles und bildet die Spitze des Eisbergs Scientology.

Weltweit soll Scientology mehr als sieben Millionen Mitglieder haben. In über 70 Ländern ist sie durch Niederlassungen vertreten. Allein in Deutschland gibt es schätzungsweise 300 000 Anhänger. Darstellungen, Scientology erziele Jahresumsätze von über 150 Millionen DM, ist die Organisation nicht entgegengetreten.

Auf die verschachtelten Macht- und Führungsstrukturen innerhalb der Scientology-Bewegung kann hier nicht eingegangen werden, sie bedürften einer eigenen Abhandlung. Wichtig ist allerdings, daß als offizielle Zentrale ein sogenanntes „Watchdog-Committee" und die Executive-Direktoren in Los Angeles fungieren. Von hier aus wird die Scientology-Welt regiert.

Insgesamt besteht nach Recherchen von Ex-Scientologen heute das Führungsmanagement aus sieben Personen. Unter **David Miscavige,** der „als Nachfolger **Hubbards** mit diktatorischer Macht"[181] ausgestattet sei, agieren: **Norman Starkey** (Trustee of **LRH** Estate – Treuhänder des **Hubbard**-Vermögens), **Guillaume Lesèvre** (Executive Director International – Leitender Direktor International), **Heber Jentzsch** (President of the Church of Scientology International – Präsident der Scientology-Kriche International), **Mark Ingber** (Commanding Officer of the Commodore Messenger Org [Commodore = **Hubbard**] – Befehlshabender Offizier der Kurierorganisation des Flottilleadmirals), **Marc Yager** (Inspector General for Administration RTC – Generalinspektor für Ver-

---

[181] Potthoff, Analyse, S. 88.

waltung) und **Ray Mithoff** (Inspector General for Technical RTC – Generalinspektor für Technik).

Die darunterliegende Instanz bilden die kontinentalen Büros. Für Australien/Neuseeland/Ozeanien gibt es die ANZO, für Lateinamerika die LATAM usw. Deutschland gehört zum Einflußbereich der AOSH EU & AF, die Advanced Organization Saint Hill Europa und Afrika. Ihr Sitz ist die dänische Hauptstadt Kopenhagen.

Von den kontinentalen Zentralen aus werden nun die nationalen „Kirchen", „Missionen" und „Celebrity Centres" (zur Vereinfachung werden sie hier als Geschäftsstellen bezeichnet) der Scientology geführt und kontrolliert. Aus internen Wettbewerbsgründen befehligt dabei ein kontinentaler Manager nicht alle Geschäftsstellen eines Landes. Vielmehr führt ein Manager in Kopenhagen beispielsweise eine Geschäftsstelle in Deutschland, eine in Frankreich, eine in Polen, während ein Kollege eine andere Geschäftsstelle in Deutschland und anderen Ländern dirigiert. Gegenseitig bemüht man sich, den jeweils anderen in der Statistik zu überbieten. Statistik – ein Zauberwort von Scientology, denn um „gute Statistiken" dreht sich in den Geschäftsstellen alles.

Was Deutschland anbelangt, sind natürlich die bereits angesprochenen „Kirchen", „Celebrity Centres" und „Missionen", von Interesse. Um mit ihnen in Kontakt zu kommen, gibt es neben den diversen Werbeaktionen (Flugblätter, Zeitungsanzeigen, persönliche Ansprache oder Persönlichkeitstest) die FSMs (Field Staff Members). Deren Aufgabe besteht laut **Hubbard** darin, „mit der Öffentlichkeit Kontakt aufzunehmen". Der FSM ist eine Art freier Mitarbeiter der Scientology. Als Provision erhält er zehn Prozent von dem, was ein von ihm geworbener Kunde bei Scientology an Dienstleistungen kauft. Damit dies möglich ist, liefert er seinen Kunden an einer der drei oben genannten Geschäftsstellen ab. Die Funktionen einer „Mission", einer „Org" oder eines „Celebrity Centre" unterscheiden sich in der Art der dort erbrachten und gelieferten Dienstleistungen.

In Deutschland finden sich „Missionen" derzeit in Augsburg, Bremen, Düsseldorf, Esslingen, Freiburg, Göppingen, Hamburg, Heilbronn, Heiligenberg, Karlsruhe, Kiel, Leipzig, Mannheim, München, Münster, Nürnberg, Ulm, Reutlingen, Wiesbaden, Wilhelmshaven und Würzburg. Sie haben die Aufgabe, als Sammelbecken für neue Kunden zu dienen und Interessierten einfache Kurse zu verkaufen.

Wer als Interessent für weitere, teurere Kurse geworben werden kann, der wird in die nächstliegende „Klasse IV Organisation" weitergeleitet, meist kurz „Org" genannt. Den Namen „Klasse IV Organisation" tragen diese Geschäftstellen, weil hier „Auditoren der Klasse IV" tätig sein müssen. In Scientology-Werbeschriften heißen sie dagegen „Kirchen". Solche „Orgs" gibt es in Berlin, Düsseldorf, Frankfurt am Main, Hamburg, Hannover, München und Stuttgart.

Eine besondere Aufgabe erfüllen die „Celebrity Centre". Sie sollen zahlungskräftige Kunden besonders luxuriös verwöhnen, mit Vorliebe prominente Scientologen. Entsprechend sind nur drei solcher Zentren in Deutschland bekannt: in Düsseldorf, Hamburg und München.

Diese hierarchische Aufteilung vom RTC hinab bis zu den Missionen geht einher mit dem Dienstleistungsangebot der Scientology. Dabei läßt sich folgende Grundregel aufstellen: Je tiefer man in die Ideologie eingeweiht wird, je mehr Kurse man besucht, desto höher steigt man in der Funktion und um so höher werden die Preise.

L. Ron Hubbard hat das natürlich auf seine Art ausgedrückt: *„Am allerwichtigsten sind: vollkommen neue Leute, die noch nichts in Scientology gemacht haben. Als nächstwichtigstes: die ersten Dienstleistungen, die diese Leute in Anspruch nehmen werden. Als nächstwichtigstes: Leute in HGCs [Beratungszentren] und Akademien zu bringen. Als nächstwichtigstes: Leute zu SHs [Saint Hill Organisationen] zu bringen. Als nächstwichtigstes: Leute zu AOs [Fortgeschrittenen-Organisationen] zu bringen. Als nächstwichtigstes: Leute nach FLAG [Dienstleistungs-Hauptquartier in Florida, wo die höchsten Kurse abgehalten werden] zu bringen."*

„Der einzige Grund, warum LRH [L. Ron Hubbard] die Kirche gründete und mit ihr arbeitete, bestand darin, den Leuten dieses Planeten ... Dianetik und Scientology zu verkaufen und zu liefern, da er es allein nicht schaffen konnte, 2,5 Milliarden Leute auszubilden und zu auditieren. Das ist der einzige Grund, warum es die Kirche gibt. Und das ist der einzige Punkt, warum wir sie managen... Dieser Punkt ist: das Verkaufen und Liefern von Material und Dienstleistungen an Kunden." [182] Dies ist nicht etwa eine böswillige Unterstellung eines übereifrigen Scientology-Kritikers, sondern eine offizielle Richtlinie des Internationalen Managements der Scientology! L. Ron Hubbard faßte die Zielsetzung für seine Mitarbeiter in einem anderen Richtlinienbrief zusammen: *„Make money. Make more money."* (Mache Geld. Mache mehr Geld.)

Um „Geld zu machen", bedarf es Kunden. Es sind die Milliarden von „aberrierten", „engramm"-beladenen, unwissenden Menschen dieser Erde. Gelockt werden sie mit dem Ziel der „totalen Freiheit", am Ende sollen es „total

---

[182] Bulletin des Internationalen Managements vom 2. Februar 1983.

befreite Kunden" sein. Das sind sie denn oft auch, allerdings „befreit" von jedem Besitz.

Den Weg, den man vom nichts ahnenden Menschen zum „Ope-

Die Brücke ins Nichts

rating Thetan" beschreiten muß, nannte **Hubbard** die „Brücke". Diese ist lang, beschwerlich, aber vor allem teuer. Inhaltliches zu den einzelnen Kursstufen, ist in den Kapiteln „Ideologie und Methoden" und „Neugier, Fazination, Mitgliedschaft" nachzulesen. An dieser Stelle geht es um die Kosten für derlei „Befreiungstheorie".

Es beginnt mit Einführungskursen zur „Verbesserung des Lebens". Eine Dienstleistung, die auch in „Missionen" angeboten wird. 1990 kosteten beispielweise als „Spendenbeiträge für Dienstleistung": Kurse „Wie man eine erfolgreiche Ehe aufrechterhält", „Der Weg zum Glücklichsein" oder „Finanziell erfolgreich sein": 140 DM. Der Kurs: „Erfolg durch Kommunikation" kostet dann bereits 475 DM.

Dann beginnen die „Auditing"-Kurse, die man in der Regel in „Orgs" geliefert bekommt. Nach Auskünften von Ex-Scientologen muß man ab dieser Stufe zwingend Mitglied der „International Association of Scientologists" (IAS) werden. Die Mitgliedschaft gilt demnach für ein Jahr oder auf Lebenszeit. Hier werden Mitgliedsbeiträge fällig. Für ein halbes Jahr kann man aber auch eine „freie Mitgliedschaft" bekommen. Nun zu den Kosten der „Dienstleistung": 12½ Stunden Einführungs- und Demonstrations-„Auditing" (für Mitglieder) 400 DM, Eheberatung pro 12½ Stunden 1200 DM, „Reinigungs-Rundown" 4240 DM, reguläres „Auditing pro Intensiv" zu 12½ Stunden 7200 DM. An diesen Zahlen ist leicht abzulesen, um welche Summen es bei Scientology geht.

Hubbard empfahl – und seine Nachfolger berufen sich darauf –, nicht nur „Auditing" zu erhalten, sondern sich selbst zum Auditor ausbilden zu lassen. Schließlich benötigt man für die oberen Kursstufen die Fähigkeit des „Solo-Auditing", also sich selbst auditieren zu können. Hier ein Auszug aus dem umfangreichen Dienstleistungs- und Ausbildungsangebot der Scientology (genannte Preise gelten für Mitglieder der IAS): „Ko-audit-Kurs für TRs und Objektive Prozesse" 4000 DM, „Solo-Kurs Teil I" 9040 DM, „Scientology-Akademie Stufen 0 – IV" (wenn der Beitrag für alle fünf Stufen gleichzeitig entrichtet wird!) 24 000 DM, „**Hubbard**-Kurs Dianetik der neuen Ära" 9600 DM, „Auditorenkurs für den Klasse-V-graduierten Auditor" 9040 DM, „**Hubbard**-Kurs für Ethik-Spezialisten" 6000 DM, „**Hubbard** Professioneller Kurs über die Verkaufskunst" 9040 DM.

Höhere Kursstufen in Ausbildung und „Auditing" erhält der Kunde nicht mehr in den deutschen Geschäftsstellen, dafür muß er nach England oder Kopenhagen fahren. Dazu zählen (nach letztem Kenntnisstand des Autors, ohne Gewähr) u. a. der „Clear-Gewißheitsrundown", der „Sonnenschein-Rundown", der „OT-Vorbereitungskurs" und die „OT-I- bis -V"-Kurse. Die obersten OT-Stufen sind dann in Clearwater/Florida auf „Flag" abzuleisten. Mit diesem Dienstleistungsangebot macht Scientology nach Schätzungen von Kritikern jährlich Umsätze in dreistelliger Millionenhöhe. So weit der Bereich, den Scientology als „Kirche" definiert.

Geklärte Geschäftswelt

Scientology bemüht sich aber auch, in der Wirtschaft an Einfluß zu gewinnen. Zum einen, um zahlungskräftige Kunden anzuwerben, zum anderen, um selbst durch unternehmerische Tätigkeit den Machtbereich auszudehnen. Die Aussage einer Kritikerin, „Grundstücks-, Häuser- und Wohnungsdeals" gehörten „zu den Haupteinkunftsarten der Scientology-Sekte", wollte Scientology verbieten lassen, scheiterte aber im Dezember 1992 mit einer beantragten Einstweiligen Anordnung gegen diese Aussage vor dem Hamburger Hanseatischen Oberlandesgericht.

Die Basis solcher Kritik findet sich in dem dem Scientology-Netzwerk zugehörigen „World Institute of Scientology Enterprises", kurz „WISE". Der führende Scientologe **Marc Yager** erläuterte auf der sechsten Jahresfeier der IAS in Lausanne/Schweiz im Oktober 1990 die Aufgabe von „WISE": *„Wir haben mittlerweile viele Einflußbereiche innerhalb der Gesellschaft durch die Anwendung von LRH-Technologie auf vielen verschiedenen Gebieten. Solch ein Gebiet ist die Geschäftswelt, in der wir einen Dschungel von Out-Ethik und willkürlichen Lösungen durch die standardgemäße Verwaltungstechnologie von L. Ron Hubbard ersetzen. Das geschieht durch das World Institute of Scientology Enterprises – WISE. WISE hat die Zielsetzung, Ethik [im Sinne der Scientology] in die Geschäftswelt einzuführen und durch die Verbreitung von LRHs Errungenschaften auf dem Gebiet der Verwaltung Vernunft [das, was Scientology dafür hält] walten zu lassen. Mit Tausenden von Mitgliedern in mehr als 22 Ländern schafft sich WISE einen immer größer werdenden Einfluß auf die Gesellschaft. Eine Anzahl großer Weltfirmen haben von WISE-Mitgliedern Dienstleistungen erhalten... Die Gesamtzahl der Unternehmen, die allein im vergangenen Jahr LRHs Managementtraining erhielten, übersteigt die Anzahl von 75 000."*

Die WISE-Mitglieder, so heißt es in einem Vorwort des „International Directory 1991", „sichern, bewahren und schützen den vollen und richtigen Gebrauch von **L. Ron Hubbards** Verwaltungstechnologie in der Geschäftswelt". Dieses Handbuch der WISE-Mitglieder ist im übrigen recht aufschlußreich. Zeigt es doch, wer sich in Deutschlands Geschäftswelt der Zielsetzung **Hubbards** verschrieben hat. Einige Firmen und Namen aus dieser Liste haben in der Vergangenheit bereits für Aufsehen gesorgt. Ein Beispiel unter vielen ist ein Hamburger Immobilienmakler. Als FDP-Mitglied nutzte dieser seine Kontakte für seine Geschäfte und sorgte so in Hamburg für einen Skandal mit breitem Medienecho. Neben dem Immobilienbereich sind die WISE-Firmen vor allem im Management-Training und in der Unternehmens- und Personalberatung tätig.

Wie die Übernahme von Firmen durch Scientologen funktionieren soll, das ist in der Verwaltungsanordnung ED 1040 nachzulesen:

„1. Suche Dir ein Geschäft aus, welches bereits sehr gut arbeitet.

2. Wende Dich an den höchsten Direktor. Biete ihm an, dafür zu sorgen, daß sein Geschäft ihm mehr Geld einbringt.

3. Lokalisiere SPs [Suppressive Person: jemand, der Scientology stört] in der Organisation und wirf sie hinaus.

4. Auditiere die leitenden Angestellten und zeige ihnen, um was es sich handelt, das wird dann den Zyklus in Gang setzen: Die leitenden Angestellten werden die Jungmanager und das andere Personal dazu drängen, Auditing zu nehmen." [183] Es gibt Beispiele, wo Scientologen genau dieses Verfahren angewendet haben.

Auf der oben schon erwähnten Tagung der Internationalen Scientologen-Vereinigung ergriff auch **David Miscavige** das Wort. Hier ein Auszug: *„Bis jetzt haben Sie an diesem Abend von unseren Bemühungen gehört, die Unterdrücker auf diesem Planten mundtot zu machen, und Sie haben ebenfalls von der Expansion der Scientology in der Öffentlichkeit gehört und auch darüber, die Technologie von LRH zugänglicher und bekannter zu machen... Vielleicht haben Sie schon von WISE und ABLE [Association for better Living and Education] gehört. Die Anwendung dieser Technologie auf weltlicher Ebene war in den vergangenen Jahren unglaublich, und in diesem Jahr werden wir den möglicherweise größten Angriff gegen die Drogenszene starten."*

ABLE ist eine weitere, dem Scientology-Konzern zuzuordnende Organisation. Sie bemüht sich, über Schulen und Kindergärten Zugriff auf die jüngste Generation zu erlangen. Als Träger verschiedener Programme für Kinder tritt „ZIEL" (Zentrum für individuelles und effektives Lernen) auf.

---

[183] Herrmann, Mission mit allen Mitteln, S. 108.

Hubbard statt Drogen

ABLE zuzurechnen ist nach Recherchen von Scientology-Kritikern auch das sogenannte „Drogenrehabilitationsprojekt" NARCONON. Dabei bekennt sich Scientology ganz offen zu dieser Organisation. NARCONON ist sogar „ein geschütztes Zeichen im Besitz von ABLE". Statt Drogen wird in diesem „Entzugsprojekt" die Technologie **Hubbards** angewendet.

Scientology bzw. Scientologen initiieren noch weitere Gruppen, die für die Organisation den Nährboden der Öffentlichkeit bereiten sollen. Ihre Aufgabe/ Gegner lassen sich dabei bereits aus dem Namen ableiten: „Kommission für Polizeireform", „Kommission für Verstöße der Psychiatrie gegen Menschenrechte", „Kommission zum Schutz des Bürgers gegen Datenmißbrauch", „Mitbürger unterstützen Toleranz – Initiative zur Wahrung der Menschenrechte", „Verband engagierter Manager", „Verband engagierter Zahnärzte" und „Verband verantwortungsbewußter Geschäftsleute".

Ein weiteres Projekt, das offenbar von Scientologen maßgeblich beeinflußt wird, ist die „Friedensbewegung Europa, Aktionsbüro Bosnien-Herzegowina" in Hamburg. Diese Organisation benutzt den scientologischen Zielvorgabe-Code: „Eine Welt ohne Krieg und ohne Wahnsinn." In der Scientology-Zeitschrift „Neue Zivilisation" wird nicht nur für die Gruppe geworben. Getreu der **Hubbard**schen Ideologie wird der Krieg in Bosnien auch als „von Psychiatern" angezettelt erklärt: *Die Kommission für Verstöße der Psychiatrie gegen Menschenrechte hat umfassende Nachforschungen betrieben, die stichhaltig beweisen, daß der Krieg in Bosnien-Herzegowina auf Initiative von serbischen Psychiatern hin entfacht wurde."* Und ganz offen heißt es weiter: *„Uns als Scientologen ist die Bedeutung klar, die es hat, wenn Psychiater agieren."* Selbst mit dem Elend des Kriegsterrors versuchen die Scientologen offenbar, ihr Geschäft zu betreiben. Kritische Berichterstatter, die über den Hintergrund der scientologischen „Friedens"-Intiative aufklärten, wurden daraufhin drangsaliert.

Nun soll noch von einer Geldquelle berichtet werden: Die „Kriegskasse" der Scientology. In diese Kasse haben sogenannte „Patrons" einen Betrag von 40 000, 100 000 oder 250 000 Dollar eingezahlt. Nach Informationen von Aussteigern dient diese „Kriegskasse" zur Bekämpfung von Kritikern. Die Liste der Namen, die darin eingezahlt haben, umfaßt annähernd 1000 Namen. Sie wurden im Magazin der Internationalen Vereinigung der Scientologen, „Impact", veröffentlicht. Die über hundert Namen von Deutschen auf dieser Liste können hier allerdings nicht dokumentiert werden.

Einer von denen, die dort mit dem Ehrentitel „Patron Meritorius" für seine
250 000-Dollar-Spende ausgezeichnet werden, ist der deutschen Unternehmer
Gerhard H. Dieser ist gleichzeitig Mitglied des Scientology-Wirtschafts-
imperiums „WISE". H. spielt eine tragende Rolle in dem Versuch der Scientology, ein ganzes Land unter Kontrolle zu bringen. Es handelt sich um das „Projekt A." – „A" für Albanien. Die Zielsetzung von Projekt A.: *Das erste wirkli-
che freie Land auf diesem Planeten ohne Krieg, Wahnsinn und Kriminalität."*

Albanien, ein ehemals dem Kommunismus chinesischer Prägung zugewandtes,
mittlerweile in die westliche Demokratie entlassenes, armes Land, hatte den
scientologischen Invasionsbestrebungen offenbar wenig entgegenzusetzen. Denn
die Scientologen konnte mit etwas aufwarten, was dort dringend gebraucht und
gewünscht wird: Investitionen. Dank großer Investitionsversprechungen schaffte es der Unternehmer H., sich in hohen albanischen Regierungskreisen einzuführen. Schon bald jubelte die Scientology-Presse, „Minister der höchsten Ebene
in der albanischen Regierung" würden nach LRHs Technology greifen. Außerdem würde die Regierung umfassend von Scientologen bei der weiteren Privati-
sierung beraten. Bibliotheken wurden mit **Hubbard**-Büchern überschwemmt,
Kurse für Mitarbeiter in Ministerien und Unternehmen abgehalten, dem Direktor des internationalen Kulturzentrums wurde angeboten, Bücher im Wert von
30 000 Dollar zu erhalten, wenn er Räume für Kurse zur Verfügung stelle.

Doch die Berichterstattung im ARD-Magazin „Report aus München" und darauf folgende Reaktionen staatlicher albanischer Stellen und Presseorgane scheinen dem ungestümen Vordringen der Scientologen in Albanien erst einmal einen Riegel vorgeschoben zu haben.

Daß die Scientologen sich nicht nur auf arme Länder stürzen, belegen die Pläne,
die Schweiz zum „ersten geklärten Land auf dem Planten" zu machen. Die Ziel-
setzungen und Wunschvorstellungen zeigen dabei, wie weitreichend die Macht-
pläne Scientologys sind: *„Ziel: Die Schweiz ist das erste Land, in welchem Scientology und die LRH-Technologie in allen Lebensbereichen ungehindert gedeihen
kann... Es gibt keine Psychiater mehr... Die Erziehungs- und Schuldirektoren wie die
Lehrer anerkennen und empfehlen die LRH-Studiertechnologie... Die LRH-
Technologie ist die Management-Technologie der erfolgreichen Geschäftsleute. WISE
ist die stärkste Schutzorganisation für Ethik und Geschäftsexpansion geworden... Im
Bereich des Rechts: Richtlinien und Justizanordnungen von LRH sind anerkannt
und angewandt. Rechtsstreit wird durch die Anwendung der LRH-Policies unter
WISE geregelt."*

Das also ist sie, die „schöne neue Scientology-Welt".

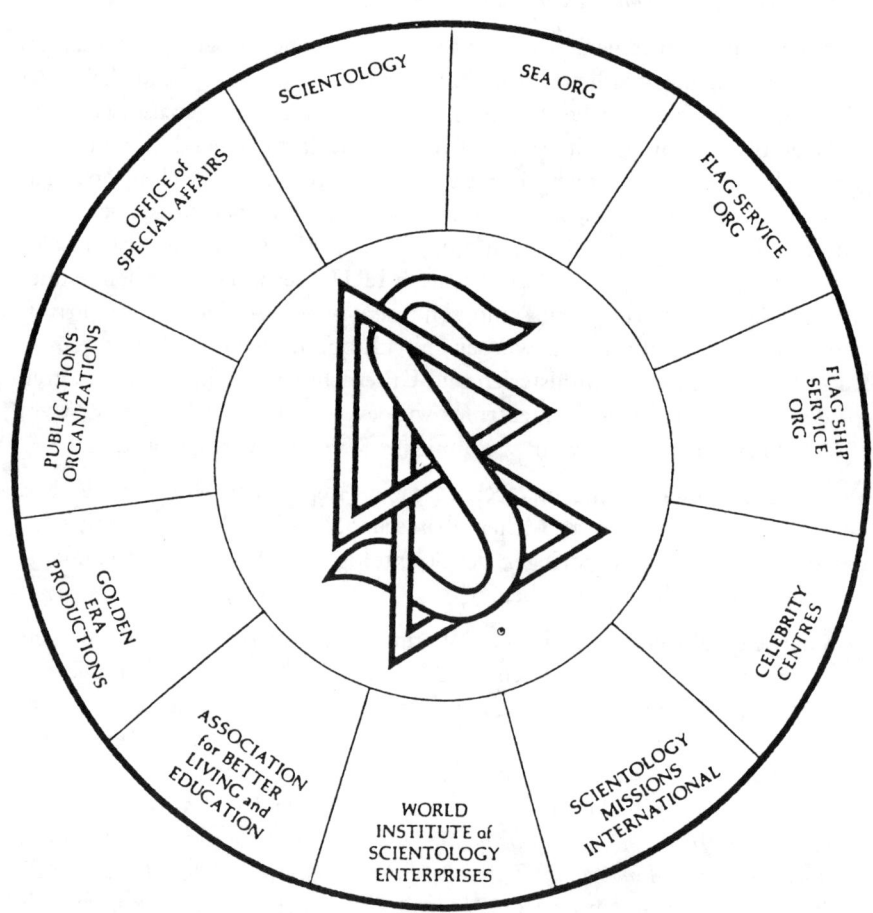

THE VARIOUS SECTORS OF SCIENTOLOGY

UMGANG MIT KRITIK

Das Titelbild war eindrucksvoll: eine Collage mit kahlköpfigen, „Heil **Hitler**"
grüßenden jugendlichen Neonazis, dazu ein historisches Foto eines SA-Mannes,
der ein Plakat mit der Aufschrift „Deutsche! Wehrt euch! Kauft nicht bei Ju-
den!" trägt. Der Titel der Broschüre: „Haß und Propaganda – Sanktioniert und
betrieben von Medien und Behörden – Dokumentation der Hetzkampagne gegen die Scientology-Gemeinschaft". Im Februar 1993 veröffentlichte die Scientology in mehreren europäischen Staaten diese 56 Seiten starke Broschüre, die ihre
angebliche Verfolgung in Deutschland belegen soll. Darin „dokumentiert" die
Scientology scheinbar „schockierende plakative Parallelen zwischen der Intoleranz und Diskriminierung gegen die Scientology-Gemeinschaft und der scham-
losen Hetze gegen religiöse Minderheiten während der Nazi-Ära".

Eigentliches Angriffsziel dieser Propaganda-Aktion sind allerdings Scientology-
Kritiker. Sie werden in Steckbriefmanier mit herabsetzenden Texten abgebildet.
Betroffen von diesem Angriff sind neben einem Scientology- Aussteiger, einer
Ministerin, einem Rechtsanwalt, einem Geschäftsführer einer Betroffenen-
organisation, dem nordelbischen Pfarrer **Hinrich Westphal** u. a. die Leiterin
der „Arbeitsgruppe Scientology" der Hamburger Behörde für Inneres, **Ursula
Caberta**. Vor allem die Letztgenannte ist Scientology aufgrund ihrer schonungs-
losen Aufklärungsarbeit ein Dorn im Auge. Die Wirkung der Schrift ist für den
unwissenden Betrachter eindeutig: Die genannten Personen werden auf eine Stufe gestellt mit den Protagonisten der Judenverfolgung und -vernichtung, Scientology dagegen schlüpft in die Rolle der verfolgten Minderheit.

In einem späteren Prozeß vor dem Amtsgericht Hamburg im Januar 1994 wurden drei mitverantwortliche Scientologen in erster Instanz wegen Beleidigung
verurteilt.[184] Einer von ihnen war zugleich für eine ähnliche Schrift „Der Kauf-
mann von Hamburg" verantwortlich, bei der die Hamburger SPD mit der früheren NSDAP gleichgesetzt wurde. Diese Taktik hat bei **Hubbards** Truppen
Methode: Es gibt wohl nur wenige Organisationen, die so ausführliche und genaue Anweisungen für die „Behandlung" von Gegnern besitzen wie die Scientologen. Zwar sind diese Anweisungen strengstens geheim, doch haben genügend
Aussteiger für ihre Verbreitung außerhalb der Organisation gesorgt.

Seine Grundüberzeugung gegenüber Kritikern hatte **L. Ron Hubbard** dogma-
tisch festgeschrieben: „*Wir fanden niemals Kritiker der Scientology, die keine kri-*

---

[184] Az. 146 - 552/93

*minelle Vergangenheit hatten. Wenn sie sich der Scientology in den Weg stellen,
werden wir sofort nach ihren strafbaren Handlungen schauen – und wir werden sie
finden und bloßlegen. Wenn sie uns aber in Ruhe lassen, werden auch wir sie in Ruhe lassen.* "[185] Allein aus dieser Aussage läßt sich ableiten, daß Scientology Kritik
kurzum nur als das Werk von Kriminellen ansieht. Entsprechend aggressiv ist
das Auftreten der Bewegung und ihrer Funktionäre.

Zu den Merkmalen „totalitärer Neureligionen" gehört, daß sie *"massive Feindbilder gegen die Außenwelt oder Kritiker innerhalb wie außerhalb der Gruppe oder
Angehörige von Mitgliedern"* aufbauen.[186] Hubbard schafft mit seiner Aussage
von stets kriminellen Kritikern genau solche generellen Feindbilder. Scientology läßt sich eben nicht gern in die Karten schauen. Untersuchungen, kritische
zudem, soll die Scientology getreu den Worten L. Ron Hubbards „niemals
zahm zulassen". Um das undurchsichtige Imperium so vor Durchleuchtung zu
sichern, hat Hubbard sogar eine eigene Methode entwickelt: Die „Ethik-
Technologie".

Wer dem ersten Augenschein nach glaubt, es handele sich hierbei um eine Technologie, die dem Ziel dient, ethischen Grundsätzen in Organisationen und Gesellschaft zum Durchbruch zu verhelfen, der tappt bereits in Hubbards „Re-
definitionsfalle". Das Wort „Ethik" bekam bei Hubbard nämlich eine neue Bedeutung: *„Der Zweck von Ethik ist: Die Gegenabsichten aus der Umgebung zu entfernen. Nachdem dies erreicht worden ist, wird der Zweck: Die Existenz anderer Ab-
sichten aus der Umgebung zu entfernen."* [187]

Scientologys Geheimagenten

Um diesen Zweck in-
nerorganisatorisch
durchzusetzen,   hat
Scientology eine eigene „Ethik"-Abteilung. Für die Durchsetzung außerhalb
Scientologys war lange Zeit das sogenannte „Guardian Office" zuständig. Über
diese Abteilung der Scientology-Organisation befand die Münchner Staatsanwaltschaft 1983: *„Diese Stelle benutzt zur Abwehr innerer und äußerer Gegner der
Organisation auch geheimdienstliche Methoden, operiert im Grenzbereich zur Illega-
lität und scheut gegebenenfalls auch nicht vor kriminellen Aktionen zurück."* [188]
Nach Informationen von Kritikern soll für diese Aufgabe heute das „Office of

---

[185] Scientology Kirche Deutschland: Zeitschrift „Freiheit", Juli/August 1979.

[186] Christoph Minhoff/Holger Lösch: „Neureligiöse Bewegungen", München 1989,
S. 365.

[187] L. Ron Hubbard: „PTS/SP-Kurs, Wie man Unterdrückung konfrontiert und zerschlägt", Kopenhagen 1989, S. 197.

[188] Bescheid der Staatsanwaltschaft München vom 24. April 1986, Az. 115 Js 4298/
84, S. 25.

special affairs" (Büro für spezielle Angelegenheiten), kurz OSA, zuständig sein.
Der Hauptsitz der OSA ist in Los Angeles. Für Europa, den ehemaligen Ost-
block und Afrika ist OSA Kopenhagen zuständig. In Deutschland wird das
OSA als „Department für spezielle Angelegenheiten" (DSA) bezeichnet oder
auch als „Presse- und Rechtsamt" bzw. „Büro für öffentliche Angelegenheiten".
Die OSA arbeitet unabhängig von den örtlichen Scientology-Geschäftsstellen
(Orgs) und stellt ih-
nen ihre Leistung in
Rechnung.[189]   Doch

Kampfmethoden gegen Kritiker

nicht nur personell,
auch ideologisch ist Scientology massiv darauf vorbereitet, Kritik zum Verstum-
men zu bringen. In diesem Zusammenhang wird immer wieder die **Hubbard**-
sche „Fair Game Policy" genannt. „Fair Game" bedeutet Freiwild. Die „Fair
Game"-Regel erklärt Gegner der Scientology de facto für „vogelfrei". Mit dieser
Anweisung eröffnete **Hubbard** die Jagd auf Scientology-Kritiker: *„Eine Person,
die in den Ethik-Zustand des Feindes zurückgestuft worden ist, gilt als vogelfrei: Man
darf ihr Eigentum abnehmen, sie in jeder Weise verletzen, ohne daß man von einem
Scientologen bestraft wird. MAN DARF IHR STREICHE SPIELEN, SIE VERKLA-
GEN, SIE BELÜGEN ODER VERNICHTEN."*

Um diese „Fair Game Policy" gibt es seit Jahren einen Definitionsstreit. Kritiker verweisen immer wieder auf diese Anweisung, um die Methoden der Scientology zu dokumentieren. Die Scientologen betonen, daß die „Fair Game Policy" schon lange nicht mehr gültig sei. Theoretisch haben sie recht. Die umstrittene Vorschrift wurde 1968 durch eine Anweisung **Hubbards** aufgehoben. Im
HCO Policy Letter vom 21. Oktober 1968 heißt es: *„Die Praxis, Leute zu Freiwild zu erklären, wird eingestellt. Fair Game darf in keiner Ethikanweisung erscheinen. Es verursacht schlechte Öffentlichkeitsarbeit. Dieser Richtlinienbrief hebt keine
Richtlinie über die Behandlung oder Handhabung von ,unterdrückerischen Personen' außer Kraft."*

Daß diese Richtlinie auch inhaltlich nicht mehr für gilt, daran besteht begründe-
ter Zweifel. So stellte die Münchener Staatsanwaltschaft fest: *„Obwohl die sogenannte Fair Game Policy vom 7. März 1965, durch die die Gegner für quasi vogelfrei erklärt worden waren, aufgehoben ist, hat sich an der Praxis der Einschüchterung und Verfolgung von Gegnern, wie das in der Organisationszentrale in München gefundene Arbeitspapier des Department 20 [190] und die hiernach durchgeführten
Aktionen gezeigt haben, im wesentlichen nichts geändert. Auch vor Amtsanmaßun-*

---

[189] Hermann, Mission mit allen Mitteln, S. 208.

[190] Das Department 20 galt zu diesem Zeitpunkt als die für Kritiker zuständige Abteilung in Scientology.

gen schrecken die Mitglieder der Organisation nicht zurück, um ihre Gegner einzuschüchtern." [191]

Nachweislich haben sich Scientologen folgender Methoden befleißigt, um Kritik und Kritiker anzugreifen:

► Ehrenrührige Artikel in der Scientology-Presse

► Leserbriefe in Zeitungen

► sogenannte Informationsbriefe an Personen des öffentlichen Lebens

► Sammlung von Informationen über Kritiker

► offene Materialsammlung (Archive usw.)

► verdeckte Materialsammlung (Beschattung, Anrufe bei Bekannten und Verwandten des Kritikers usw.)

► Verschicken von Briefen mit falschen Anschuldigungen an den Arbeitgeber des Kritikers

► Telefonkampagnen gegen Kritiker

► Bespitzelung durch Privatdetektive

► Einschleusung von Scientologen in Kritikerorganisationen oder deren Veranstaltungen

► Überziehen von Kritikern mit Strafanzeigen und Zivilklagen

► Verleumdung, üble Nachrede und Falschaussagen

► Einbruch bei Behörden.

Diese Liste ließe sich noch erweitern, doch sie umfaßt die wesentlichen Teile derjenigen Scientology-Methoden, die in der Vergangenheit als gängigste Mittel im Kampf gegen Kritiker dienten. Die Staatsanwaltschaft München I hat darüber hinaus Unterlagen der Scientology vorgelegt, die detailliert Anweisungen und Schulungen zur Bespitzelung von Kritikern enthalten. Die Staatsanwaltschaft hatte sich in ihrer Begründung für die Niederschlagung einer Scientology-Klage gegen sechs Kritiker eingehend mit den Methoden der Scientology gegen Kritiker beschäftigt. So wird zum Nachrichtensystem der Organisation bemerkt: *„Es besteht ein ausgeklügeltes Berichtswesen, durch das die Führungsspitze selbst über Nebensächlichkeiten laufend unterrichtet wird.*" [192]

---

[191] Bescheid der Staatsanwaltschaft München vom 24. April 1986, Az. 115 Js 4298/ 84, S. 30.

[192] Bescheid der Staatsanwaltschaft München vom 24. April 1986, Az. 115 Js 4298/ 84, S. 16.

Wer sind nun die Feinde und Kritiker der Scientology? Die Scientologen selbst behaupten, sie stünden „jeder konstruktiven Kritik offen gegenüber". Nur, was „konstruktive" Kritik ist, das entscheidet Scientology selbst. Als Maßstab für den Begriff „konstruktive Kritik" können einmal mehr die schriftlich niedergelegten Richtlinien **Hubbards** gelten. ░░░░░░░░░░░░░░░░░░░░░░░░░░░░ ░░░░░░░░░░░░░░░░░░░░░░░░░░░░ „Rassismus" im klassischen Sinne kann Scientology natürlich nicht vertreten, weil sie ja dem menschlichen Körper wenig Bedeutung beimißt, im Gegensatz zum wirklichen Wesen, dem „Thetan". Ein „Thetan" ist nicht schwarz oder weiß. ░░░░░░░░░░░░░░░░░░░░░░░░░░ ░░░░░░░░░░░░░░░░░░░░░░░░░░░ Im September 1966 schrieb **Hubbard** dazu einen wichtiges Bulletin. Der Titel ist Programm: *„Die Antisoziale Persönlichkeit – der Antiscientologe".*[193] Antiscientologen sind also „Antisoziale Persönlichkeiten", und diese „Sorte Menschen" läßt sich laut **Hubbard** ziemlich genau eingrenzen: *„Es gibt gewisse Merkmale und geistige Einstellungen, die etwa 20 Prozent einer Rasse dazu bewegen, sich jeder Unternehmung oder Gruppe, die etwas verbessern will, mit Gewalt zu widersetzen... Kriminalität und verbrecherische Handlungen werden von antisozialen Persönlichkeiten verübt. Der Zustand von Anstaltsinsassen läßt sich gewöhnlich auf die Verbindung mit solchen Persönlichkeiten zurückführen."* [194]

Kritikerorganisationen gehören zu jenen „Unternehmen oder Gruppen", die sich gegen Scientology stellen. Und getreu den Anweisungen **Hubbards** gilt es, solche Elemente zurückzudrängen, oder noch besser, aus der Gesellschaft auszusondern:

Kranke Wesen isolieren

„Wenn Sie ... alle jene antisozialen Persönlichkeiten ... aussieben würden und wenn Sie sich dann von ihnen trennen würden, könnten Sie eine große Erleichterung empfinden. Ebenso könnte sowohl sozial als auch wirtschaftlich Erholung eintreten, wenn die Gesellschaft diesen Persönlichkeitstyp als ein krankes Wesen erkennen und ihn isolieren würde, so wie sie jetzt Leute mit Pocken in Quarantäne steckt." [195] Formulierungen, die fatal an die Ideen der „Rassenhygiene" der Nationalsozialisten erinnern. Wo solche Ideen enden, ist bekannt.

Daß **Hubbard** erschreckende Phantasien hatte, wie man mit unerwünschten Personen umgehen hat, wird auch in anderen seiner Schriften deutlich. 1953, als er den Begriff „Antiscientologe" noch nicht kreiert hatte, sprach er noch von

---

[193] Hubbard, PTS/SP-Kurs, S. 61.

[194] ebenda.

[195] Hubbard, PTS/SP-Kurs, S. 65.

den „aberrierenden Persönlichkeiten": *„Hin und wieder haben gewalttätige Männer in diesem oder jenem Land Programme durchgeführt, um die Gesellschaft von
solchen Ansteckungsherden zu reinigen. Könige pflegten in alter Zeit Leute zu ent-
haupten, die ihnen ständig schlechte Nachrichten brachten – eine sehr weise Maßnah-
me. Aus neuerer Zeit wird von **Gomez**, dem verstorbenen Diktator von Venezuela,
berichtet, er habe als Ansteckungsherd der Lepra im Lande die Bettler erkannt...
Gomez ließ* [alle Bettler] *auf zwei große Flußschiffe laden. Die Flußschiffe fuhren in
die Strommitte, die Mannschaft ruderte in kleinen Booten davon, und die Schiffe ex-
plodierten mit gewaltigem Getöse. Das war das Ende der Lepra in Venezuela... Das
Gesetz verbot es dem Preclear* [einem Scientology-Gläubigen]*, zu den Maßnahmen
des Tyrannen oder eines **Gomez** zu greifen, denn das Gesetz ist in solche Leute*
[aberriende Persönlichkeiten] *völlig vernarrt und verteidigt sie an allen Ecken und
Enden, weil es ja auch fast ausschließlich eben diese Leute sind, die sich des Gesetzes
bedienen. Der natürliche Impuls des Preclears, den Weg freizuräumen, wurde verei-
telt; fassungslos mußte er feststellen, daß die notwendige Aktion – nämlich Mord –
durch das Vorhandensein von Polizei und Gerichten verhindert wurde. Dies brachte
den Preclear dahin, sich von der Gesellschaft und dem Gesetz betrogen zu fühlen."* [196]

Die Scientologen sehen sich offenbar als Staat im Staate, haben ihre eigenen Gesetze. Auch wenn sie betonen, daß sie sich jeweils an die Rechtslage des Staates
hielten, in dem sie aktiv sind, so gibt es doch genügend Beispiele dafür, daß dies
oft genug nicht der Fall ist.

Schwarze Propaganda

Besonders aggressiv ist
Scientology gegenüber
jenen, die das System
von Scientology als Quacksalberei entlarven könnten: Psychologen und Psychiater. **Hubbard:** *„Nahezu all die üblichen Gegenreaktionen in der Gesellschaft
gegen die Dianetik und die Scientology haben eine gemeinsame Quelle – eine Clique
der Psychiater, Psychologen und Psychoanalytiker... Man kann mit diesen Leuten
genausowenig kooperieren, wie man ‚mit **Hitler** Geschäftsbeziehungen pflegen
kann'."* [197]

Um gegen Scientology-Gegner vorzugehen, hat **Hubbard** viele Vorschriften er-
lassen. Offene Aktionen, wie die zu Beginn dieses Kapitels vorgetragene Anklageschrift gegen Kritiker, sind eine Methode. Verdeckte Aktionen aber stellen die
Vorliebe Scientologys dar. Dafür gibt es bei Scientology die Anweisung für
„Schwarze PR", sprich verdeckte Propaganda. **Hubbard** dazu: *„Der komplizier-
teste Gebrauch von PR ist ihr versteckter Gebrauch, um den Ruf von Personen und*

---

[196] Hubbard, PTS/SP-Kurs, S. 33.
[197] Hubbard, PTS/SP-Kurs, S. 35.

Gruppen zu vernichten. Der korrekte Fachausdruck dafür ist Schwarze Propaganda. Im Grunde ist es eine Spionagetechnik... Spionage ist am besten, wenn sie versteckt beginnt und versteckt endet... Man weiß zum Beispiel, daß einen die Soundsos angreifen. Auf diese Weise kann man die Soundsos durch eine Gegenattacke angreifen. Aber was sind die Soundsos genau? Und mit wem stehen sie in Verbindung? Und WER genau, der immer ein Einzelwesen ist, hält die Sache am Laufen? Diese drei letzten Fragen müssen schließlich beantwortet werden. Und dies benötigt eine spionageartige Untersuchung."[198]

Die Ergebnisse solcher Untersuchungen werden dann für Attacken gegen Kritiker genutzt. Ebenso wirksam wie verdeckte Aktionen gegen Scientology-Gegner sind laut **Hubbard** auch „lautstarke" Untersuchungen. Zweck ist dabei, den Kritiker zu diskreditieren: *„Sobald dir jemand droht, gewinnst du einen Scientologen oder mehrere Scientologen, um lautstark zu untersuchen. Du findest heraus, wo er oder sie arbeitet oder gearbeitet hat, wer sein oder ihr Arzt ist, Zahnarzt, Freunde, Nachbarn, jeden rufst du an und sagst: ‚Ich stelle im Falle von Herrn/Frau ... Untersuchungen an, ob er/sie mit kriminellen Aktivitäten versucht hat, die Freiheit der Menschheit zu verhindern und meine Religionsfreiheit einzuschränken und die meiner Freunde, Kinder etc...' Du betonst immer wieder, daß du bereits einige erstaunliche Tatsachen beisammen hast, etc. (Benutze eine Verallgemeinerung)... Es macht nichts aus, wenn du nicht viele Informationen erhältst. Sei nur GERÄUSCH-VOLL – es ist zunächst sehr komisch, funktioniert aber ganz fantastisch."* [199]

Eine weitere von Scientology sehr ausgiebig genutzte Methode, Kritiker abzuschrecken, ist der Einsatz der Justiz. Scientology zieht Kritiker vor Gericht, wo immer möglich. Dabei ist es nicht wichtig, ob am Ende Scientology als Sieger hervorgeht. Entscheidend ist, daß die Kritiker viel Zeit, Geld und Mühe aufwenden müssen, um sich zur Wehr zu setzen. Scientology hat ausreichend finanzielle Mittel, die Kritiker haben sie selten.

Große Teile der Informationen über das Innenleben der Scientology, ihrer wahren Zielsetzung, ihrer Lehre und Methoden wurde durch ehemalige Scientologen der Öffentlichkeit bekannt. Diejenigen, die sich enttäuscht von Scientology zurückzogen, nahmen interne Papiere, Anweisungen und Vorschriften mit. Auch durch behördliche Beschlagnahmeaktionen wurde über Scientology vieles bekannt.

Die Scientologen versuchen dagegen, ihre Geheimnisse im Dunkeln zu lassen. Diejenigen, die zu ihnen kommen, um sich den „Auditing"-Verfahren zu unter-

---

[198] Hubbard, PTS/SP-Kurs, S. 249.
[199] HCO-PL vom 5. September 1966.

ziehen oder um Funktionen in der Gruppe zu übernehmen, werden deshalb genauestens untersucht. Kritik und Aufklärung von außen behindert die Gruppe in ihrer Expansion. Geschieht dies mit Hilfe von Scientologen selbst, so wertet die Gruppe dies gar als „Schwerverbrechen".

Geheime Bekenntnislisten

Damit es nicht so weit kommt, gibt es bei Scientology ein Sicherheitscheck- oder „Bekenntnisverfahren". Angewendet werden dabei das „E-Meter" und ein Fragenkatalog, die „Johannesburg-Confessional-Liste".[200] Befürchtungen mancher Kritiker, Scientology nutze Erkenntnisse aus dem „Auditing"-Prozeß zur Einschüchterung oder Erpressung von Mitgliedern, findet in dieser Liste Nahrung: „Obwohl wir dir nicht garantieren können, daß Dinge, die bei diesem Confessional [Bekenntnis] enthüllt werden, für immer geheimgehalten werden, können wir dir aufrichtig versprechen, daß kein Teil davon und keine Antwort, die du hier gibst, an die Polizei oder den Staat weitergegeben werden wird... Du bestehst dieses Confessional nur dann nicht, wenn du die Fragen nicht wahrheitsgemäß beantwortest oder wenn du wissentlich hier bist, um der Scientology zu schaden."[201]

Dann folgen 94 inquisitorische Fragen, deren wahrheitsgemäße Beantwortung offenbar mit dem „E-Meter" überprüft werden: „Hast du je Homosexualität praktiziert? Hast du je mit einem Mitglied deiner Familie Geschlechtsverkehr gehabt? Bist du sexuell untreu gewesen? Hast du je Sodomie betrieben? Hast du je mit einem Mitglied einer andersfarbigen Rasse geschlafen? Bist du je ein Spion für eine Organisation gewesen? Bist du je ein Zeitungsreporter gewesen? Hast du je irgendetwas getan, wovon du fürchtest, die Polizei könnte es herausfinden? Hast du je etwas getan, worüber sich deine Mutter schämen würde, wenn sie es herausfände? Wie fühlst du dich darüber, kontrolliert zu werden? Weißt du von irgendwelchen geheimen Plänen gegen Scientology? Weißt du von irgendwelchen Plänen, einer Scientology-Organisation zu schaden?"[202]

Trotz solcher oder ähnlicher Bekenntnislisten kommt es innerhalb von Scientology zu Problemen und innerorganisatorischer Kritik. Und immer dann, wenn es Schwierigkeiten mit einzelnen Mitgliedern gibt, wird nach dem Übeltäter namens „Kritiker" gesucht. Für das Aufspüren solcher Personen hat **Hubbard** ein eigenes Verfahren entwickelt. Mit „solchen Personen" sind speziell zwei Arten von Menschen gemeint. Im Scientology-Jargon heißen sie „suppressive person"

[200] HCO-PL vom 7. April 1961, revidiert am 15. November 1987.
[201] ebenda.
[202] ebenda.

(kurz SP) und „potential trouble source" (PTS). Über sie sagt **Hubbard:** *„Die unterdrückerische Person ... kann den Gedanken der Scientology nicht ausstehen... Ihre Antwort darauf ist ein offener oder versteckter Angriff auf die Scientology."*[203]

Eine „SP" ist also eine „Unterdrückerische Person", während ein „PTS" ein sogenannter „Potentieller Ärgernisverursacher" ist. **Hubbard** weiß sogar die Milliarden von Menschen recht genau prozentual in diese beiden Kategorien einzuteilen: *„Die wirklichen SPs umfassen ungefähr 2½ Prozent der Bevölkerung. Indem sie andere Leute restimulieren, machen sie ungefähr weitere 17½ Prozent zu potentiellen Schwierigkeitsquellen. Deswegen sind ungefähr 20 Prozent der Bevölkerung als Fälle für Ethik-Handhabung einzustufen."*[204] Aus dieser Erklärung läßt sich leicht ableiten, daß die eigentlichen Übeltäter die „SP"-Personen sind, während die PTSler nur irregeführte Seelen sind. Für sie gibt es Rettung, für die SPs nicht.

In der Scientology-Doktrin gibt es nun für die Entdeckung, Einstufung und Behandlung von „SPs" oder „PTSs" genaue Handlungsanweisungen. Eine davon ist der „PTS/SP-Kurs: Wie man Unterdrückung konfrontiert und zerschlägt." Dort wird

Ärger für Unterdrücker

auf 281 Seiten in detaillierter Form geregelt, wie mit Kritikern und deren vermeintlichen Opfern unter den Scientologen umzugehen ist. Die Merkmale der „Unterdrückerischen Person" in Auswahl und Übersetzung aus der scientologischen Kunstsprache sind: Sie leugnet Erfolge der scientologischen Technik, ohne diese zu kennen oder verwendet sie, um Scientology am Erfolg zu hindern, was die Hauptwerkzeuge der SP gegen die Organisation sind; SPs wenden sich gegen die Verbreitung der Scientology; SPs werden versuchen, die Organisationen der Scientology loszuwerden; ein SP ist mit dem „Auditing" nur dann zufrieden, wenn er sich verschlechtert; Hinter einem Verbrechen wird man SP-Merkmale finden; SPs verwenden in ihrer Redeweise Allgemeinheiten wie „alle Leute", „man" usw.

Jede Form von Kritik, ob sie von Beobachtern von außen oder von unzufriedenen Kunden von innen kommt, läßt sich anhand dieser **Hubbard**schen Merkmale als unterdrückerischer Akt einer unterdrückerischen Person einordnen. Erstaunlicherweise trifft gerade der letzte Punkt der Aufzählung den Autor **Hubbard** selbst. Im selben Papier verwendet er nämlich genau solche Verallge-

---

[203] HCO-PL vom 5. April 1965.
[204] HCO-PL vom 7. August 1965.

meinerungen wie: „*Für gewöhnlich haben Zeitschriften ein halbes Dutzend SPs auf ihren Linien".*[205]

Darüber hinaus hat **Hubbard** noch 72 weitere Handlungen als „unterdrückerisch" festgelegt. Generell sind es Taten, „*um Scientology wissentlich zu unterdrücken, einzuschränken, oder zu behindern".*[206] Dazu gehören etwa: „*Das Organisieren von Splittergruppen... Öffentliche Äußerungen gegen Scientology... Gesetzgebungen oder Verordnungen, Vorschriften oder Gesetze, welche auf die Unterdrükkung der Scientology ausgerichtet sind, vorzuschlagen, zu empfehlen oder dafür zu stimmen... Vor staatlichen oder öffentlichen Untersuchungen der Scientology feindlich Zeugnis abzulegen... Daten, die sich gegen Scientology oder Scientologen richten, an die Presse zu geben... Die Handlung, Mitarbeiter und andere darüber zu informieren, daß man seine Mitarbeit aufgeben und weggehen will..."* [207] Als schlimmste unterdrückerische Handlung aber definiert **Hubbard:** „*Es ist ein Schwerverbrechen, sich öffentlich von Scientology abzukehren."* [208]

Wer sich eine dieser Taten „zu schulden kommen" ließ, kommt vor ein eigenes Scientology-Gericht. Dort drohen empfindliche Strafen. Sie reichen von Wiedergutmachungsaktionen über eine Art Gefangenenprojekt bis hin zum endgültigen Bruch und der Erklärung zum Feind. Wiedergutmachung kann bedeuten, daß der als „Unterdrücker" oder „Ärgernisverusacher" Verurteilte teuere „Sonder-Auditing"-Sitzungen abhalten muß oder seine bisher erreichten Erkenntnisstufen für ungültig erklärt werden und er die „Brücke" wieder ganz von vorn

„Strafe und Buße"

beginnen muß. Berichtet wurde aber auch von „freiwilliger" Mehrarbeit für Scientology oder Strafarbeiten mit teils unglaublichen Praktiken, wie dem stundenlangen Aufsammeln von Laub in öffentlichen Parkanlagen.

Welcher Art solche Strafprojekte noch sein können, enthüllt ein **Hubbard**-Richtlinienbrief. Er befaßt sich mit „Zuständen, Belohnungen und Bußen". Daraus ein kleiner Ausschnitt: „*POWER* [Macht]: *Bezahlung und volle Bonusse... Hat ersten Vorrang auf den Servicelinien... NORMAL OPERATION* [Normale Tätigkeit]: *Bezahlung aber keine Bonusse... EMERGENCY* [Notstand]: *...Muß in seiner eigenen Zeit ein 2½ Stunden Wiedergutmachungsprojekt einreichen und ausführen... DANGER* [Gefahr]: *...Muß in seiner eigenen Zeit ein 5 Stunden Wiedergutma-*

---

[205] Hubbard, PTS/SP-Kurs, S. 48.

[206] Hubbard, PTS/SP-Kurs, S. 173.

[207] ebenda.

[208] Hubbard, PTS/SP-Kurs, S. 179.

chungsprojekt einreichen und ausführen. Darf keine Org.-Services [Org. = Scientology-Geschäftsstelle] *bekommen... Darf nicht auditiert werden... NON-EXISTENCE* [Nichtexistenz]*: ...7½ Stunden Wiedergutmachungsprojekt... Minimale Essenspause. Keine Unterhaltung, Parties, Gruppenveranstaltung. Einfache Arbeitsuniform oder Kleidung. Darf keine freien Tage oder Urlaub erhalten, während diesem Zustand. LIABILITY* [Schuld]*: ...10 Stunden Wiedergutmachungsprojekt... Muß ein graues Armband am linken Arm tragen... DOUBT* [Zweifel]*: Keine Bezahlung. Muß entweder das Haus verlassen oder in einem gekennzeichneten, besonderen Bereich unter strenger Überwachung arbeiten... Es wird verlangt, daß sämtliche Scientology-Materialien ... zur Verwaltung und Aufbewahrung übergeben werden... Müssen ein oranges Armband am linken Arm tragen. ENEMY* [Feind]*: ...Ausstoßungsschreiben von der Kirche und Aufhebung aller Zeugnisse und Anerkennungen... Der Einzelne hat sich durch seine oder ihre Handlungen von der Kirche entfernt... TREASON* [Verrat]*: Mit ihm darf nicht kommuniziert werden. Für immer aus Ausbildung und Prozessing und höheren Kursen ausgeschlossen. Fällt nicht unter Amnestien..."* [209] Wer zum „Feind" oder „Verräter" erklärt wurde, mit dem geht Scientology nicht zimperlich um, wie oben bereits gezeigt wurde.

Innerhalb der Organisation richtete **Hubbard** 1974 eine Art „Gefängnisprojekt" ein, das „Rehabilitation Project Force" (RPF). Mitglieder, die sich im Sinne **Hubbards** schwererer Vergehen schuldig gemacht haben, wurden dorthin geschickt. Ehemalige Scientologen sagten unter Eid aus, welch unglaubliche Zustände in diesen Lagern herrschen: *„Die Regeln der RPF sind: – Gehen verboten. Man mußte die ganze Zeit rennen. – Außerhalb der RPF war es uns nicht erlaubt, mit jemandem zu sprechen. – Es war uns nicht erlaubt, eine schriftliche oder anderweitige Mitteilung an irgend jemanden außerhalb der RPF zu machen... – Es war nicht erlaubt, alleine irgendwo hinzugehen, außer wenn die entsprechende Erlaubnis gegeben wurde. Selbst wenn man zur Toilette ging, mußte jemand mitgehen... – Wir mußten alle RPF-Vorgesetzten mit ‚Sir' ansprechen... – Sämtliche Briefe, die wir schrieben, mußten in einen frankierten, unverschlossenen Umschlag gesteckt werden... Die gesamte ausgehende Post wurde dann vom ‚RPF MAA'* [„Master at Arms" = „Waffenmeister", ein Aufseher] *gelesen... – Wir mußten dunkelblaue Hemden und Hosen tragen... – Es waren uns keine ‚Luxusgegenstände' bzw. -‚dinge' erlaubt (Musik, Fernsehen, Kartenspielen, Parfüms)... Es gibt einen Flag-Befehl* [Scientology-Anweisung]*, der als ‚Rocks and Shoals'* [Felsen und Klippen] *bezeichnet wird. Es handelt sich dabei um Strafen, die man erhält für alles, was man falsch macht... Die Strafen bestehen darin, daß soundsoviele Runden gedreht werden* [etwa um einen Baum] *oder soundsoviel Mal hinsetzen, aufstehen."* [210] Und abschließend:

[209] Haack, Scientology, S. 222f.
[210] ABI, Eidesstattliche Versicherungen, S. 43.

„Wenn ich die RPF in nur einem Satz zusammenfassen könnte, dann würde er wahrscheinlich wie folgt lauten: ‚Es handelt sich um einen Prozeß, wodurch sie einen glauben machen, man sei psychotisch, und dann wird man wirklich psychotisch.'" [211]

Wölfe als Unschuldslämmer

Scientology – das wurde schon zu Beginn dieses Kapitels deutlich – fühlt sich in der Rolle der verfolgten Minderheit. Schon Mitte der achtziger Jahre veröffentlichte die Scientology-Organisation eine Schrift mit dem Titel „Holocaust bis 1984". Die schon damals heftige Kritik an Scientology war nach Ansicht der Verfasser „absolut ungerechtfertigt, in ihrer Form böswillig" und erinnere „in fataler Weise an die Verhetzung der jüdischen Minderheit vor und während des Dritten Reiches". Doch statt eines „scientologischen Holocausts" gab es eine scientologische Expansion in bisher unbekanntem Ausmaß. Alle Aufklärungsarbeit, öffentliche Auseinandersetzungen und Medienberichterstattungen reichten offenbar nicht aus, Scientology in ihrer Ausbreitung zu behindern. Es scheint fast so, als behalte **L. Ron Hubbard** recht, der in einem Richtlinienbrief über schlechte Presse und kritische Journalisten schrieb: *„Das Einkommen von zentralen Organisationen steigt normalerweise während schlechter Pressekampagnen. Also, er* [der Journalist] *kann dir nicht wirklich schaden, was immer er tut oder sagt."* [212]

Die neue Führung der Scientology ist nach dem offiziellen Tod **Hubbards** gleichwohl eifrig bemüht gewesen, das negative Image der Bewegung aufzupolieren. Mit Hochglanzbroschüren, viel Selbstbeweihräucherung und hohem Werbeetat sollte Scientology aus den Schlagzeilen gebracht werden. Allerdings ohne durchgreifenden Erfolg.

Scientology betreibt, neben den oben erwähnten Versuchen, Kritikerorganisationen und einzelne Gegner zum Schweigen zu bringen, eine geschickte Öffentlichkeitsarbeit. Die Methoden sind fast immer gleich, wenn auch auf den Einzelfall abgestimmt:

► Sich selbst zur verfolgten Minderheit erklären

► entlarvende Zitate **Hubbards** als „aus dem Zusammenhang" gerissen erklären

► belegte kriminelle Handlungen von Scientologen als „Einzelaktionen" von irregeführten „Einzeltätern" darstellen

[211] ABI, Eidesstattliche Versicherungen, S. 56.
[212] L. Ron Hubbard, HCO PL vom 14. August 1963.

▶ die eigene Handlungsweise trotz Unvergleichbarkeit mit Praktiken von Weltreligionen gleichsetzen

▶ grundsätzlich Kritik mit Gegenangriffen beantworten

▶ Unwissenheit der Öffentlichkeit über die scientologische Bedeutung „redefinierter" Wörter ausnutzen

▶ Kritische Aussteiger-Berichte mit einer Flut von Erfolgsmeldungen und Dankesbriefen beantworten

▶ bekannte Persönlichkeiten (mit Vorliebe Filmstars) als Werbeträger nutzen.

Die diversen Verteidigungsschriften der Scientology belegen diese Methoden immer wieder aufs neue. Oft genug hat es die Organisation dabei leicht, Glaubwürdigkeit vorzutäuschen. Vor allem dann, wenn nachweislich falsche Behauptungen gegen sie aufgestellt werden. Dabei sind die Verteidigungsversuche der Scientology meist eher plump und durchsichtig. Ein Beispiel dafür ist ein Brief des Pressesprechers der Scientology an das Bundesamt für Verfassungsschutz. In einem „Spiegel"-Artikel war ein Gutachten des Verfassungsschutzes zitiert worden, dessen Inhalt die Beobachtung der Scientology durch die Behörde begründet: *„Es reicht! Seien Sie versichert, daß wir es nicht zulassen werden, daß unsere Mitglieder von Ihrer Behörde per Geheimdekret auf eine Stufe mit Terroristen gestellt werden. Vielmehr fragen wir uns, was Ihre Behörde gegen die zunehmende Diskriminierung und gegen Übergriffe auf unsere Mitglieder und die Ausländerfeindlichkeit unternimmt? ... Wohin solche staatlichen Aktionen gegen religiöse Minderheiten führen, ist jedem Bundesbürger mit einem einigermaßen gesunden Menschverstand aus der Nazizeit und anderen dunklen Kapiteln der deutschen Geschichte geläufig..."* [213]

Wie Scientology für sich Reklame macht, zeigen Unterlagen des

Kreuzritter unterwegs

„OT-Action-Committee", dessen Aufgabe es ist, Deutschland zu „clearen", sprich für Scientology gefügig machen. Beispielhaft ist hier das „9.-Oktober-Projekt" in Auszügen dokumentiert: Am 9. Oktober 1991 sollte im Ausschuß für Frauen und Jugend des Deutschen Bundestages eine Anhörung unter anderem zum Thema Scientology stattfinden. Verfasser ist ein „Internationaler Kreuzzug Leiter", gerichtet ist es an „OTs und Clears only": *„Wir alle wollen eine neue Zivilisation und jeder Beitrag von Euch sollte für uns und alle anderen Mitglieder sichtbar sein... Daher findet Ihr hinter jeder Aktion einen Punktewert für Eu-*

---

[213] Presseerklärung des Pressesprechers der Scientology Deutschland, Georg Stoffel, vom 7. Dezember 1992.

re Statistik als ‚Scientologe' angegeben... Im ganzen Bundesgebiet rufen verschiedene Bundestagsabgeordnete Ex-Scientologen auf, sich in Bonn zwecks Aussagen gegen Scientology zu melden... Schreibe einen Brief an Deinen Ansprechpartner in Bonn, schildere Deine persönliche Geschichte in Scientology und Deine spirituellen Gewinne etc. (1 Punkt)... Rufe in dem Büro des Bundestagsabgeordneten Deines Bereichs an und frage a) Ob Dein Schreiben angekommen ist. b) Wann Du für die Anhörung dort sein mußt, denn Deine Erfahrungen seien wichtig für den Ausschuß. c) In dem Moment, wo klar zum Ausdruck kommt, daß eine Anhörung von Scientology-Mitgliedern nicht geplant ist, empöre Dich. ‚Was dies denn für eine Anhörung sei, Du bist schließlich Bürger dieses Staates und er sei Dein Repräsentant' etc. etc. Du wirst Dich beschweren, Dich an die Presse wenden... (5 Punkte) d) Wenn Du Deinen Ansprechpartner bewegen kannst, Dich offiziell zu der Anhörung einzuladen. (50 Punkte)."

Es ist nicht bekannt, wie viele Bundestagsabgeordnete diesem Manipulationsversuch erlegen sind. Mit dem „Clear-Deutschland-Projekt" wollen die Scientologen übrigens erreichen, zehn bis 15 Prozent der Meinungsführer in Politik und Wirtschaft zu Scientologen zu machen, die Anerkennung als Körperschaft des öffentlichen Rechts und allgemein die Anerkennung als Religionsgemeinschaft erkämpfen.

Neben besagtem OT-Komitee gibt es noch andere Vorfeldorganisationen, die Scientology im Kampf um eine Imageaufbesserung unterstützen. Dazu gehört der „Verband verantwortungsbewußter Geschäftsleute", eine Scientologen-Initiative aus der Geschäftswelt, die die Verbreitung einer Scientology-Broschüre mit dem Titel „Der Weg zum Glücklichsein" unterstützt. Tausende von Exemplaren werden ständig an Medienvertreter, Parlamentarier, Geschäftsleute oder auch in Gefängnissen oder an Schulen verteilt.

Auch bekannte Filmstars oder sonstige Berühmtheiten werden zu Werbezwecken eingesetzt. So liest sich die Darsteller-Liste des Kinoerfolgs der frühen neunziger Jahre: „Guck mal, wer da spricht" wie ein „Who is Who" der Scientology-Werber. Zu ihnen gehören etwa die Hauptdarsteller **John Travolta** und **Kirstie Alley.** Weitere Werbeträger sind die Schauspieler **Tom Cruise, Priscilla Presley,** Opernstar **Julia Migenes** oder der Maler **Gottfried Helnwein.**

Eine besondere Rolle spielt auch die „Kommission für Verstöße der Psychiatrie gegen Menschenrechte". Sie dient Scientology als Speerspitze im Kampf gegen die Psychiatrie und befolgt dabei offensichtlich die Richtlinien **Hubbards,** der sich zeitlebens dem Kampf gegen Psychiater und Psychologen widmete. Als Hilfestellung dient dabei ein Richtlinienbrief **Hubbards,** der die Bedeutung der „Propaganda durch Umdefinierung von Wörtern" erläutert: *„Der Trick ist fol-*

gendes – Wörter werden umdefiniert, um zugunsten des Propagandisten eine andere Bedeutung zu erhalten... Wenn man die neue Definition oft genug wiederholt, kann man die öffentliche Meinung durch Veränderung einer Wortbedeutung ändern... Deshalb ist es notwendig, Medizin, Psychiatrie und Psychologie ‚nach unten' umzudefinieren und Dianetik und Scientology ‚nach oben' zu definieren." [214]

Zu diesem Komplex soll noch einmal **L. Ron Hubbard** das Wort haben, der zum Thema Kritik an und Gegnerschaft zu Scientology bemerkt hatte: *„Wenn jemand jedoch angestrengt versucht, Scientology oder ihre Aktivitäten zu enturbulieren oder zu stoppen, dann kann ich Captain* **Blight** *wie einen Sonntagsschullehrer aussehen lassen."* Zur Erinnerung: Captain **Blight** war der berüchtigte Kapitän der „Bounty", gegen den die Crew nach endlosen Quälereien meuterte.

Scientology gibt sich als Religionsgemeinschaft aus und be-

Gerichtliche Schranken

müht sich eifrig, diesen Standpunkt zu belegen. Unzweifelhaft ist, daß Scientology ein – wenn auch teilweise abstruses – Lehrgebäude vorweisen kann. Ob dies nun eine weltanschauliche oder eine religiösese Ideologie ist, sei dahingestellt. Die Organisation versucht mit dem Anspruch, „Kirche" zu sein, den Freiraum des Grundgesetzes zu nutzen. Denn darin wird in Artikel 4 und in Artikel 140 die freie Religionsausübung garantiert. Allerdings sind diese Freiheiten nicht grenzenlos. In Zusammenhang mit Scientology kam es bereits 1980 zu einem höchst aufschlußreichen Urteil des Bundesverwaltungsgerichts in Berlin. Damals wollten Scientologen als Geistliche anerkannt werden und deshalb eine Befreiung vom Wehrdienst erreichen. Das Gericht verwarf dieses Begehren und definierte gleichzeitig einige bedeutsame Einschränkungen des Artikels 4 und in dessen Folge des Wehrpflichtgesetzes:

„Inhaltlich geht es nicht bloß um ein abstraktes Bekenntnis, sondern vor allem um das konkrete Wirken in einer religiösen Gemeinschaft, also um ein verwirklichtes Bekenntnis. Außer auf das Selbstverständnis und die erklärten Grundlagen der Gemeinschaft kommt es daher auf das gesamte tatsächliche Auftreten und Wirken der Gemeinschaft und ihrer Mitglieder an. Es ist zu prüfen, ob Selbstverständnis, theoretische Grundlagen und praktische Verwirklichung die Gemeinschaft zu einer überwiegend religiösen machen. Demzufolge würde es nicht genügen, wenn zwar eine religiöse Leitidee vorhanden, das Wirken aber überwiegend anders gerichtet ist... Und als ein... begünstigtes Bekenntnis könnte auch eine Gemeinschaft nicht anerkannt werden, die überwiegend auf private Gewinnerzielung für sich oder zugunsten etwa von Gründern oder bevorzugten Mitgliedern aus ist und sich entsprechend betätigt...

---

[214] L. Ron Hubbard, HCO PL vom 28. Juli 1983.

Auszuscheiden wären ferner Gemeinschaften, deren Wirken etwa geeignet ist, vor allem bei jungen Menschen psychische oder sonstige Schädigungen hervorzurufen... " [215]

Das Bundesverwaltungsgericht kommt nach Durchsicht der von Scientology eingereichten Unterlagen über ein „Glaubensbekenntnis", „Zeremonien" und dem „Lehrplan für das Studium zum Geistlichen der Scientology-Kirche" zu dem Urteil: *„Diese Unterlagen ... sprechen eher dafür, daß vorhandene, religiöse Bezüge nicht das Wesen der Gemeinschaft ausmachen, sondern Randerscheinungen sind.* " [216]

Die wichtigsten Prozesse der letzten Jahre im Zusammenhang mit Scientology kreisten danach um die Frage, ob die Organisation den Status als „eingetragener Verein", kurz „e. V." erhalten dürfe. Die Gruppe nutzt den Imagevorteil eines „e. V.", weil in der Öffentlichkeit allgemein angenommen wird, daß sich solche Vereine „wohltätigen" Zwecken widmen. Außerdem bietet die Form des „e. V." weitere Vorteile: Das Gewerberecht, Bilanzierung, Publizität oder auch Tarifverträge können umgangen werden. Unter bestimmten Vorraussetzungen können Vereine zudem Gemeinnützigkeit erlangen – mit allen steuerlichen Vorteilen, die sich daraus ergeben. In Düsseldorf erhob 1983 der Polizeipräsident Einspruch gegen die Eintragung einer Scientology-Mission ins Vereinsregister. Das Landgericht Düsseldorf in erster wie das Oberlandesgericht Düsseldorf in zweiter Instanz bestätigten den Einspruch. So befand zunächst das Landgericht:

„Es gibt kein ‚Religionsprivileg' des Inhalts, daß jedwede Einrichtung, die sich darauf beruft, eine Religion zu sein oder einer Religion zu dienen, die ihr beliebende Rechtsform annehmen kann, ohne deren Voraussetzungen zu erfüllen... Bei dieser Sachlage vermag die Kammer nicht die Überzeugung zu gewinnen, daß es sich bei dem Verein [Scientology-Mission], dessen Eintragung in das Vereinsregister begehrt wird, um einen Idealverein handelt und nicht – trotz der entgegenstehenden Versicherung der Antragsteller [Scientologen] – um einen Wirtschaftsverein, dem es letztlich um die Erzielung von Gewinnen geht. " [217]

Das Oberlandesgericht Düsseldorf bestätigte diesen Beschluß: *„Das Landgericht ist deshalb zu Recht davon ausgegangen, daß bei der Betätigung der Scientology im Rahmen des College und beim Auditing die Verbreitung des Ideenguts untrennbar mit dem finanziellen Erfolg der Organisation verbunden ist, was erklärt, daß nach den Feststellungen des Landgerichts das finanzielle Einkommen einer Mission als Gradmesser ihres Erfolgs angesehen wird.* " [218]

[215] Bundesverwaltungsgericht, Urteil vom 14. November 1980 – 8 C 12/79.
[216] ebenda.
[217] Landgericht Düsseldorf, Beschluß vom 6. September 1982 – 89 AR 12/81.

Zu einer anderen Bewertung kam hingegen das Landgericht Hamburg im Jahre 1988. Es sah die Kriterien einer Kirche im Fall Scientology „zweifelsfrei erfüllt": *„Sicherlich verfügt die Vereinigung über nicht unerhebliche Einnahmen, wie sie einerseits durch Leistungen an Dritte erzielt werden, andererseits durch Leistungen an ihre Mitglieder selbst. Daraus folgt jedoch nicht, daß sie auf Gewinnerzielung gerichtet ist."* [219] Die Hamburger Scientology-Organisation wurde daraufhin zwar in das Vereinsregister eingetragen, doch mittlerweile entzog der Hamburger Senat als Aufsichtsbehörde der Hamburger Scientology-Geschäftsstelle die Rechtsfähigkeit wieder.

Im Juli 1993 fällte das Hamburger Oberverwaltungsgericht ein wichtiges Urteil im Zusammenhang mit Scientology. Die Scientologen hatten sich gegen die Anordnung der Stadt Hamburg gewehrt, ihre umfangreiche Geschäftätigkeit als Gewerbe anzumelden. Nach fünftägiger mündlicher Verhandlung entschied das Gericht, daß die Scientology-„Kirche" beim Verkauf von Büchern sowie der entgeltlichen Durchführung von Kursen gewerblich tätig ist und deshalb gemäß § 14 Absatz 1 der Gewerbeordnung für seine Hauptstelle am Hamburger Steindamm und die Zweigstelle in der Eppendorfer Landstraße ein Gewerbe anzumelden hat.

In ihrer Urteilsbegründung stellten die Richter fest: *„Für die Feststellung , ob die Scientology-Kirche ein Gewerbe anzumelden hat, ist es unerheblich, ob diese als Religions- oder Weltanschauungsgemeinschaft anzuerkennen ist. Auch eine Religionsgemeinschaft kann zur Anzeige eines Gewerbes verpflichtet sein, wenn sie mit Gewinnerzielungsabsichten auf Dauer den Verkauf von Waren und Dienstleistungen ohne entsprechenden religiösen Bezug betreibt. Zumindest bestimmte Bücher und Kurse, die die Scientology-Kirche vertreibt, haben ersichtlich keinen oder nur einen untergeordneten religiösen Bezug... Das Gericht hat vielmehr den Eindruck gewonnen, daß die Scientology-Kirche bestrebt gewesen sei, ihre Einnahmen zu verschleiern."* [220]

Zu einem ähnlichen Urteil kam im Januar 1994 das Verwaltungsgericht Stuttgart. Es bestätigte die Anordnung des Stuttgarter Regierungspräsidenten, der einer „Mission der Scientology-Kirche e. V." die Rechtsfähigkeit entzogen hatte. Das Gericht befand, der Schwerpunkt der Tätigkeit dieses Vereins seien entgeltliche Dienstleistungen und Literaturverkauf. [221]

---

[218] Oberlandesgericht Düsseldorf, Beschluß vom 12. August 1983 – 3 W 268/82.

[219] Landgericht Hamburg, Beschluß vom 17. Februar 1988, NJW 1988, S. 2617.

[220] Oberverwaltungsgericht Hamburg, Beschluß vom 4. Juli 1993, Az. 17 VG 978/88.

[221] „Frankfurter Allgemeine Zeitung" vom 22. Januar 1994, Seite 7.

Hubbards „Dianetik"-Buch

Werbung für Persönlichkeitstest

„E-Meter"-Werbung

INFORMATIONEN · BERATUNG · HILFEN

▶ *Staatliche Stellen:*

Sentsverwaltung für Jugend und Familie des Landes Berlin
Monika Schipmann
Alte Jakobstraße 12 · 10969 Berlin · Telefon (0 30) 26 54-43 49 · 26 54-43 38

Arbeitsgruppe Scientology der Behörde für Inneres
der Freien und Hansestadt Hamburg
Ursula Caberta
Hachmannplatz 2 · 20099 Hamburg · Telefon (0 40) 24 86-49 90

Interministerielle Arbeitsgruppe beim Ministerium
für Kultus und Sport des Landes Baden-Württemberg
Abteilung II, Hans-Werner Carlhoff
Postfach 103442 · 70029 Stuttgart
Rotebühlplatz 1 · 70178 Stuttgart · Telefon (07 11) 2 79-28 72

▶ *Private Initiativen*

Eltern- und Betroffeneninitiative gegen psychische Abhängigkeit
für geistige Freiheit Berlin e. V.
Mommsenstraße 19 · 10629 Berlin · Telefon (0 30) 3 24 95 75

Initiative besorgter Eltern und Bürger Eppendorf e. V.
c/o Kulturhaus Eppendorf · Martinistraße 40 · 20251 Hamburg

Initiative besorgter Eltern und Bürger Hoisdorf e. V.
Postfach 16 · 22953 Hoisdorf

Elterninitiative in Hamburg und Schleswig-Holstein zur Hilfe gegen
seelische Abhängigkeit und Mißbrauch der Religion e. V.
Pastor **Detlef Bendrath**
Brahmsstraße 20f · 23556 Lübeck · Telefon (04 51) 4 47 86

Aktion für geistige und psychische Freiheit/
Arbeitsgemeinschaft der Elterninitiativen e. V. (AGPF)
Graurheindorfer Straße 15 · 53111 Bonn · Telefon (02 28) 63 15 47

Verein für die Interessen terrorisierter Mitmenschen (VITEM) e. V.
Jeannette Schweitzer
Ensheimer Straße 125 · 66386 Sankt Ingbert · Telefon (0 68 94) 87 04 52

Aktion Bildungsinformation e. V. (ABI)
Alte Poststraße 5 · 70173 Stuttgart · Telefon (07 11) 29 93 35

Baden-württembergische Eltern- und Betroffeneninitiative zur Selbsthilfe
gegenüber neuen religiösen und ideologischen Bewegungen (EBIS) e. V.
Lieselotte Wenzelburger-Mack
Hölderlinweg 10 · 72663 Großbettlingen · Telefon (0 70 22) 4 24 11

Elterninitiative zur Hilfe gegen seelische Abhängigkeit
und religiösen Extremismus e. V.
Postfach 100513 · 80079 München · Telefon (0 89) 55 98 04 44

► *Kirchliche Beratungsstellen:*

Beauftragter für Sekten- und Weltanschauungsfragen
der Evangelischen Kirche in Berlin-Brandenburg
Pfarrer Thomas Gandow
Heimat 27 · 14165 Berlin · Telefon (0 30) 8 15 70 40

Beauftragte für Sekten- und Weltanschauungsfragen der
Nordelbischen Evangelisch-Lutherischen Kirche
Dr. Gabriele Lademann-Priener
Kreuslerstraße 6 · 20095 Hamburg · Telefon (0 40) 32 78 48

Beauftragter für Sekten- und Weltanschauungsfragen der
Evangelisch-Lutherischen Landeskirche Hannover
Pfarrer Wilhelm Knackstedt
Archivstraße 3 · 30169 Hannover · Telefon (05 11) 1 24 14 52

Zentralstelle Pastoral der Deutschen Bischofskonferenz
Kaiserstraße 163 · 53113 Bonn · Telefon (02 28) 1 03-2 30

Beauftragter des Evangelischen Regionalverbandes
für Religions- und Weltanschauungsfragen
Dipl.-Päd. Kurt-Helmut Eimuth
Saalgasse 15 · 60311 Frankfurt am Main · Telefon (0 69) 28 55 02

Evangelische Zentralstelle für Weltanschauungsfragen (EZW)
Hölderlinplatz 2a · 70193 Stuttgart · Telefon (07 11) 2 26 22 81 · 2 26 22 82

LITERATURVERZEICHNIS

ABI – Aktion Bildungsinformation e. V. (Hrsg.): „Die Scientology-Sekte und ihre Tarnorganisationen", Stuttgart o. J.

ABI – Aktion Bildungsinformation e. V. (Hrsg.): „Eidesstattliche Versicherung zur Vorlage bei einer ‚Class Action', einem Sammelverfahren mehrerer Ex-Scientologen auf Schadensersatz in Millionenhöhe", ABI 12-80-94

ABI – Aktion Bildungsinformation (Hrsg.): „Dokumentation der Anklage-schrift des Bundesgerichts der Vereinigten Staaten von Amerika gegen Mary Sue Hubbard und andere", o. J.

Aktion Psychokultgefahren e. V. (Hrsg.): „Die Rechtsprechung zu Neueren Glaubensgemeinschaften. Ein systematischer Überblick", Krefeld 1991

Aktion Psychokultgefahren e. V. (Hrsg.): „Im Netz der Sinnverkäufer. Ergeb-nisse einer Tagung", Krefeld 1991

Bent Corydon: „L. Ron Hubbard – Messiah or Madman?", Secaucus 1992

Edition ScienTerra im VAP-Verlag (Hrsg.): „Scientology, Mehr als ein Mode-trend?", Preußisch Oldendorf 1991

Christopher Evans: „Kulte des Irrationalen. Sekten, Schwindler, Seelenfänger", Hamburg 1979.

Leon Festinger: „A theory of cognitive dissonance", Evanston 1957

OTC-Wien, Gerhard Förster: „Die Freie Zone – Ein Info-Pack unabhängiger Scientologen", Band 2, Wien 1984

Omar V. Garrison: „Geheimreport Scientology – Psychopolitik, die moderne Inquisition", Wiesbaden 1984

Hans Gaster u. a. (Hrsg.): „Lexikon der Sekten, Sondergruppen und Welt-anschauungen. Fakten, Hintergründe, Klärungen", Freiburg/Basel/Wien 1991

Friedrich-Wilhelm Haack: „Scientology, Dianetik und andere Hubbardismen", München 1990.

Friedrich-Wilhelm Haack: „Scientology – Magie des 20. Jahrhunderts", Mün-chen 1982

Steven Hassan: „Combatting Cult Mind Control", Rochester 1990

Steven Hassan: „Ausbruch aus dem Bann der Sekten", Reinbek 1993

Jörg Herrmann (Hrsg.): „Mission mit allen Mitteln. Der Scientology-Konzern auf Seelenfang", Hamburg 1992

Hanns Hippius: „Nervenärztliches Gutachten", München 1984

L. Ron Hubbard: „Die Entwicklung einer Wissenschaft", Kopenhagen, 1972

L. Ron Hubbard: „Selbstanalyse", Kopenhagen 1984

L. Ron Hubbard: „Dianetik. Die moderne Wissenschaft der geistigen Gesundheit", Kopenhagen 1982

L. Ron Hubbard: „Fachwortsammlung für Dianetics und Scientology", Kopenhagen 1977

L. Ron Hubbard: „Scientology, Die Grundlagen des Denkens", Kopenhagen, Ausgabe 1973/1983

Klaus Karbe/Manfred Müller-Küppers (Hrsg.): „Destruktive Kulte. Gesellschaftliche und gesundheitliche Folgen totalitärer Pseudoreligiöser Bewegungen", Göttingen 1983

Robert Kaufman: „Übermenschen unter uns", Frankfurt am Main 1972

Birgit Kröner-Herwig/Rainer Sachse: „Biofeedbacktherapie", Stuttgart 1988

Christoph Minhoff/Holger Lösch: „Neureligiöse Bewegungen", München 1989

Norbert J. Potthoff: „Scientology-Analyse", Krefeld 1993

Norbert J. Potthoff: „Was ist Scientology. Die Zeitbombe in unserer Gesellschaft", Krefeld 1992

Staatsanwaltschaft beim Landgericht München I, Bescheid vom 24. April 1986, Az. 115 Js 4298/84

Heinrich Steiden/Christine Hamernik: „Einsteins falsche Erben", Wien 1992

Ralph Tegtmeier: „Aleister Crowley. Die tausend Masken des Meisters", München 1989

Werner Tiede: „Scientology – Religion oder Geistesmagie?", Konstanz 1992

Friederike Valentin/Horand Knaup: „Scientology – der Griff nach Macht und Geld", Freiburg 1992

STICHWORT- UND NAMENSREGISTER